À mon parrain, Émile Dosimont

« Es-tu prêt ? » t'ai-je demandé.
« Depuis toujours », m'as-tu soufflé
avec grande sérénité.
Ta foi était ta force et ta paix, tu me l'as donnée.
Tu as fermé les yeux un vendredi.
Un vendredi Saint.
Ton souvenir m'étreint,
Il a guidé ma main.
Parrain, je te dédie ces dessins.

Ton petit-fils, Gauthier.

Les Auteurs et l'Éditeur remercient
le Père Charles Delhez, Jésuite,
pour sa précieuse collaboration théologique
à l'élaboration du présent ouvrage.

«La Bible racontée aux enfants» a été réalisée
avec la collaboration des Editions ***fidélité***

Nihil obstat
Charleroi, le 6 janvier 1999
Charles Delhez, S.J.

Imprimatur
Liège, le 13 janvier 1999
Raphaël Collinet, Vicaire épiscopal

Gauthier Dosimont · Dominique Ferir

La Bible

racontée aux enfants

Hemma

La Bible

Sais-tu que tu as en main un livre très spécial ? Ce n'est pas un livre comme tous les autres recueils d'histoires ou de contes de ta bibliothèque.

C'est le livre le plus lu dans le monde : il a été traduit en près de deux mille langues différentes et plus de deux milliards d'exemplaires ont été imprimés en un peu plus d'un siècle. Quels records !

C'est un livre qui a été écrit il y a très longtemps par différentes personnes, mais les croyants disent que c'est Dieu lui-même qui a inspiré les auteurs de ces récits. C'est pourquoi on le considère comme un livre sacré. Chaque religion a son livre sacré ; par exemple, celui des musulmans s'appelle le Coran, celui des hindouistes les Vedas, les juifs lisent l'Ancien Testament dans la Torah et les chrétiens y ajoutent le Nouveau Testament pour former la Bible. La Bible complète compte environ deux mille pages. Ce ne sont donc que les histoires les plus importantes et les plus belles que tu vas découvrir dans ces pages.

Feuillettes-tu parfois, chez toi, les albums de photos de ta famille ? Pour voir comment tu étais quand tu étais bébé ou comment était cette grand-mère que tu n'as jamais connue. Eh bien, on pourrait dire que la Bible est un peu comme un grand album retraçant l'histoire de la grande famille des chrétiens. Et où sont rangés ces albums chez toi ? En général, dans un endroit bien précis où on sait que rien ni personne ne viendra abîmer ces précieux souvenirs.

Alors, le livre que tu as dans les mains, qui est bien plus qu'un album souvenir puisqu'il est le livre sacré des chrétiens, occupera-t-il aussi une place toute spéciale sur ton étagère ?

Et peut-être aussi dans ton cœur, car ce que la Bible raconte à travers ces pages d'histoires, ces contes, ces récits d'aventures, ces fables ou ces poèmes, c'est avant tout l'amour de Dieu pour les hommes et pour le monde qu'il a créé. La Bible est divisée en deux grandes parties : l'Ancien (ou Premier) Testament et le Nouveau Testament.

L'Ancien Testament

Le Premier Testament nous raconte les histoires des ancêtres les plus vieux de notre grande famille de croyants, depuis la légende du premier homme, Adam, et de la première femme, Ève, en passant par celle de Noé, par les récits historiques d'Abraham, de Moïse, de David et de bien d'autres jusqu'à la naissance de Jésus. Tu peux lire ces récits en t'intéressant simplement à l'histoire qu'ils racontent, mais si tu laisses couler en toi les paroles et les gestes des personnages, tu finiras par découvrir et par mieux connaître Dieu.

Mer Noire
Arche de Noé
NINIVE
Jonas
et la baleine
HARÂN
Jacob rencontre
Rachel
La tour de Babel
Tigre
Voyage d'Abraham
Euphrate
BABYLONE
UR
Mer
Méditerranée
PAYS DE CANAAN
Mer de Galilée
SAMARIE
Jourdain
BÉTHEL
JÉRICHO
JÉRUSALEM
MONT NÉBO
SODOME ET
GOMORRHE
Mer Morte
BE'ER-SHEVA
Voyage
de Moïse
Le passage de la
mer Rouge
MADIAN
Le Buisson
ardent
Les dix
commandements
MONT SINAÏ
Mer
Rouge
Nil

La création du monde

Cette histoire commence il y a très, très longtemps. À cette époque, rien n'existait. Rien. Il n'y avait que du vide et du noir. Dieu décida alors de créer notre monde. C'était un travail énorme qui dura six jours.

Le premier jour, il fit naître la lumière et la sépara de l'obscurité, ce fut le jour et la nuit.

Le deuxième jour, il créa le ciel et la terre.

Le troisième jour, il sépara terre et mer. Il couvrit la terre de verdure, de plantes et d'arbres fruitiers, tous porteurs de semences.

Le quatrième jour, Dieu est songeur :

« Il faut illuminer tout cela », pensa-t-il.

Et il offrit au jour le soleil et à la nuit, la lune.

Le cinquième jour, il donna vie aux poissons et aux oiseaux. Dieu vit que c'était bien, alors, le lendemain, il créa les espèces terrestres. Il dit à tous les animaux :

–Ayez beaucoup de petits pour peupler toute la terre.

C'est aussi le sixième jour qu'il décida :

« Maintenant, je vais créer l'homme, il me ressemblera et sera le maître de tous les animaux et lui aussi aura beaucoup d'enfants. »

Le septième jour, Dieu contempla son œuvre et il vit que c'était une pleine réussite.

Il arrêta là son travail et se reposa.

Adam et ses amis les animaux

Le premier homme s'appelait Adam. Dieu lui présenta tous les animaux. Il lui demanda de leur donner un nom et de devenir leur ami. Adam les désigna un par un :

– Toi, l'animal à la crinière d'or, tu porteras le nom de lion ! Toi, l'animal au long cou, celui de girafe ! Et toi, avec ton long bec, tu seras toucan, et vous, les oiseaux blancs, vous serez les goélands ! Quant à toi, avec tes longues oreilles, je vais t'appeler lapin, et vous, les poilus, babouins ! Toi qui as de si longues cornes, tu seras bouquetin, et toi, qui les as sur le nez, rhinocéros ! Quelles belles couleurs que voilà, je te baptise ara, et toi, koala ! Et vous dans l'eau, vos noms seront : crabe, murène et aiglefin, orque, baleine et dauphin ! Tes yeux sont de braise, tu seras le tigre.Ton pelage est rayé, tu seras le zèbre, et ton frère, l'okapi ! Toi, qui avances si lentement, je te donne le nom de tortue. Quant à toi, qui bondis gaiement, tu seras kangourou !

Il les nomma tous : manchot, macareux, moustique, dromadaire, autruche, cacatoès ; tous, du plus petit au plus grand, jusqu'au dernier !

Mais malgré tous ses amis, Adam se sentait bien seul et s'ennuyait. Dieu le plongea alors dans un profond sommeil. Il lui enleva une côte et de cette côte, Dieu façonna une femme. Quand Adam se réveilla, il s'exclama :

– Elle est la chair de ma chair, elle s'appellera femme et sera ma compagne.

Le jardin d'Éden

Dieu offrit à Adam et Ève le plus beau des jardins. Il leur dit :

– J'ai fait pousser dans ce jardin d'Éden tous les arbres et toutes les plantes pour que vous ne souffriez jamais de la faim.

Et il ajouta d'un ton grave :

– Vous pouvez manger tout ce que ce jardin produit, sauf le fruit d'un seul arbre, l'Arbre de la Connaissance du bien et du mal. Si vous en mangez, un jour vous mourrez !

Adam et Ève vivaient heureux dans le jardin d'Éden jusqu'au jour où le plus rusé des animaux, le serpent, s'approcha d'Ève et lui chuchota à l'oreille :

– Ève, le fruit de l'arbre défendu est si bon ! Tu sais, si tu en manges, tu n'en mourras pas. Au contraire, tu pourras choisir toi-même ce qui est bien et ce qui est mal. Tu deviendras ainsi aussi puissante que Dieu !

Tentée, Ève cueillit un fruit et le croqua à pleines dents. Adam aussi y goûta. Quand Dieu se rendit compte qu'ils avaient désobéi, il gronda Adam qui, pour se défendre, accusa Ève :

– C'est elle qui m'a donné le fruit !

À son tour, Ève rejeta la faute sur le serpent :

– C'est cet animal qui m'a tentée et qui m'a menti !

Et la pomme ? On a souvent dit que « Ève croqua la pomme ». En fait, c'est la Bible en latin qui a tout embrouillé. En effet, en latin, « pomus » signifie « le fruit » et « malum » veut dire aussi bien « la pomme » que « le mal ». Et c'est ainsi que le fruit du mal est devenu une pomme !

Le bien et le mal. Frapper mon petit frère ou lui faire un câlin ? Tirer la langue ou faire un bisou ? Tu sais ce qui est bien, mais pourtant tu es parfois tenté de faire ce qui est mal. Pourquoi ? Mystère !

Le texte que tu viens de lire essaie de nous aider à mieux comprendre. Dieu ne nous force pas à faire le bien, comme il n'est pas non plus responsable du mal que nous faisons. Il nous laisse libres, à nous de choisir !

Nous sommes responsables de notre bonheur et ce n'est pas toujours facile. Adam et Ève choisissent de désobéir. Et, alors que jusque-là tout n'était que douceur et bonheur, voilà qu'ils découvrent que le mal existe. Ils ont brisé leur confiance en Dieu.

Ils viennent de décevoir Dieu pour la première fois ; c'est pourquoi cette histoire est parfois appelée « le péché originel ».

Adam et Ève chassés du Paradis

Dieu décida de les punir tous les trois :

– Toi, le serpent, tu es condamné à ramper sur le ventre jusqu'à la fin des temps ! Tu seras un animal détesté ! Et un jour, l'enfant d'une femme t'écrasera la tête. Quant à vous deux, je vous chasse du jardin. Plus jamais vous ne serez aussi heureux qu'ici. Plus rien ne vous sera donné. Vous devrez travailler dur pour vivre.

Il ajouta encore :

– Et un jour, vous mourrez !

Caïn et Abel

Adam et Ève eurent des enfants. L'aîné, Caïn, devint agriculteur. Le second, Abel, était berger. Un jour, Caïn offrit à Dieu du blé et des fruits. Abel, lui, offrit les plus belles bêtes de son troupeau. Caïn remarqua que Dieu appréciait davantage les cadeaux de son frère. Il fut mécontent et jaloux. Tellement jaloux qu'il finit par tuer son frère.

Dieu lui dit :

– Caïn, qu'as-tu fait ? Maintenant, tu seras malheureux, tu ne récolteras plus rien de la terre et tu seras vagabond jusqu'à la fin de ta vie.

– Mais on me tuera ! s'écria Caïn.

– Je vais te marquer d'un signe pour qu'on te reconnaisse, dit Dieu. Ainsi, personne ne te tuera. Maintenant, va-t'en loin de moi !

L'Arche de Noé

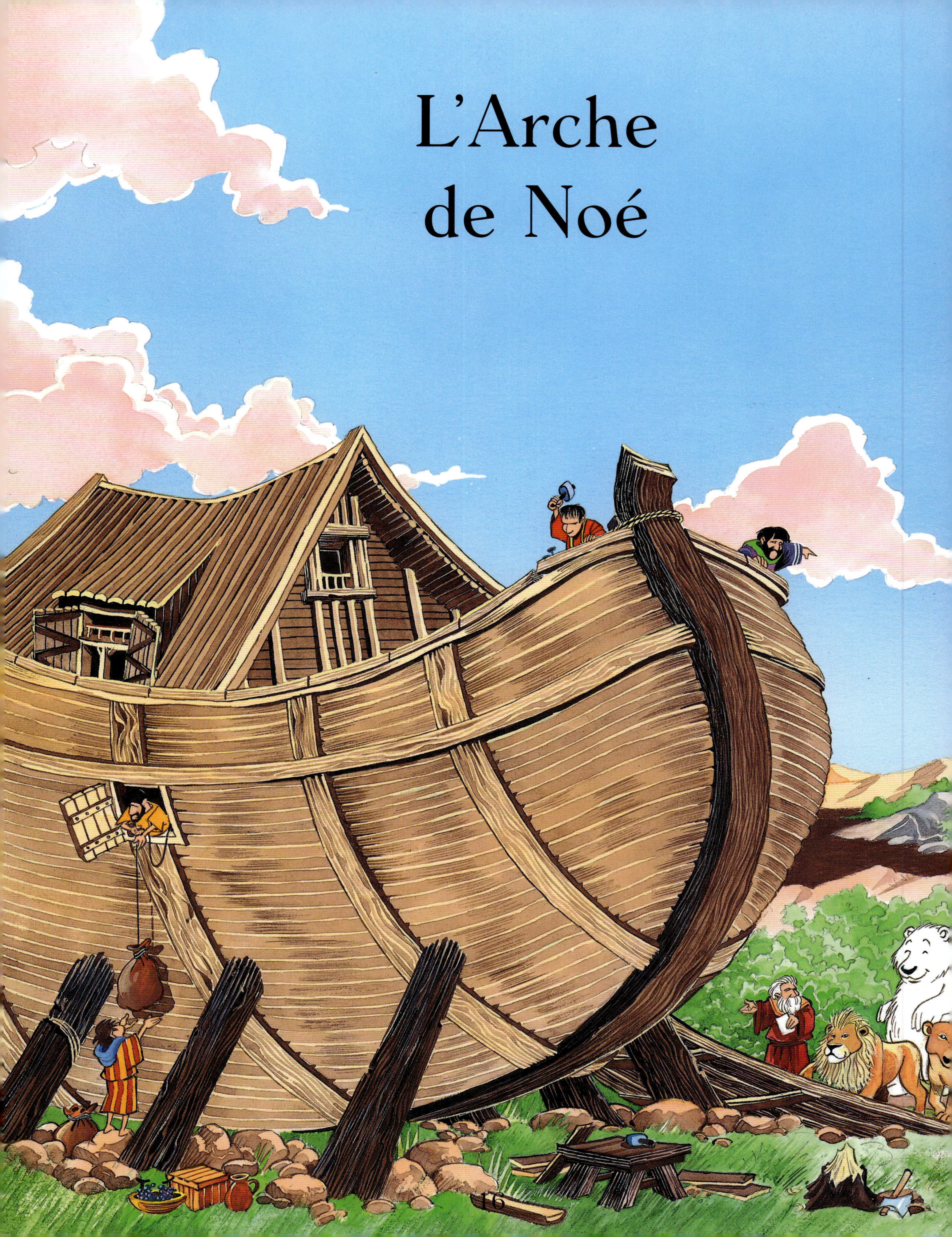

Les enfants et petits-enfants d'Adam et Ève étaient devenus méchants. Ils ne pensaient qu'à faire le mal et finirent par oublier Dieu. Tous, sauf Noé. Dieu s'adressa à lui :

– J'ai décidé de noyer tout ce qui est vivant sur la terre, car je suis triste de voir les hommes si mauvais. Mais toi, je veux te sauver, car tu es bon et juste. Construis un grand bateau où tu prendras place avec ta famille. Tu y feras aussi entrer un mâle et une femelle de chaque espèce d'animal.

Noé fabriqua un bateau, que l'on appelle aujourd'hui « l'arche de Noé ». À peine y avait-il installé sa famille et tous les animaux que la pluie se mit à tomber.

Le Déluge

La pluie tomba durant quarante jours et quarante nuits. Tout fut englouti.

Noé envoie la colombe

L'eau recouvrait tout, même les montagnes. Un jour, la pluie cessa. L'eau commença à baisser et l'arche se posa au sommet du mont Ararat. Noé finit par ouvrir la fenêtre du bateau et fit s'envoler un corbeau. Mais la terre était encore recouverte d'eau, le corbeau ne trouva donc rien où se poser et revint. Plus tard, Noé lâcha une colombe qui revint aussi. Sept jours plus tard, il lâcha la colombe une seconde fois.

Le soir, elle revint avec, dans son bec, une jeune branche d'olivier. Noé comprit que les eaux avaient baissé. Sept jours plus tard, il la fit s'envoler encore une fois. Elle trouva un endroit pour faire son nid et ne revint plus. Noé comprit qu'on pouvait vivre à nouveau sur la terre. Noé sortit de l'arche et fit une prière pour remercier Dieu. Cela lui fit très plaisir. Dieu le bénit et lui dit :

– Je suis ton ami et je fais une alliance avec toi et tous ceux qui viendront après toi.

Je vous donne toute
la terre, vivez-y en paix,
faites-y le bien et rejetez le mal.
Je ne détruirai plus jamais la terre
par le déluge, même si vous êtes
méchants. Voici un signe, poursuivit
Dieu, qui vous rappellera à chaque fois
ma promesse.
Et Dieu dessina au milieu des nuages
le premier arc-en-ciel.

La tour de Babel

Noé avait trois fils : Sem, Cham et Japhet. Ceux-ci eurent de nombreux enfants et arrière-petits-enfants qui eux-mêmes eurent des enfants... La terre se repeupla très vite.

À cette époque, tous les habitants parlaient la même langue. Au cours de leurs déplacements vers l'Orient, ils découvrirent une grande plaine dans le pays de Shinéar (qu'on appelle aussi la Mésopotamie). Ils décidèrent de s'y installer.

– Allons, fabriquons des briques et mettons-les à cuire.

Les briques en terre leur servaient de pierres et le bitume, de mortier.

– Bâtissons une ville avec une tour qui montera jusqu'au ciel. Ainsi, nous serons célèbres.

Dieu vit ce qui se passait et les trouva bien orgueilleux :

« De quoi seront-ils capables ensuite ? Il faut les arrêter. »

C'est alors qu'il décida d'embrouiller leur langage :

« À partir de maintenant, ils parleront des langues différentes ; ainsi, ils ne se comprendront plus. »

Et c'est ce qui se passa : les mots que disait l'un n'avaient plus aucun sens pour l'autre. Ce fut la confusion totale.
Ils arrêtèrent la construction de la tour et se dispersèrent.
Ils se dirent :

– Appelons cette tour « Babel » (ce qui signifie « confusion »), car c'est ici que Dieu a embrouillé notre langage.

Tu sais sûrement qu'à l'époque où a été écrit le Premier Testament, la science n'était pas encore très avancée : on croyait par exemple que la terre était plate ou que le soleil tournait autour de la terre. Difficile dans ces conditions de répondre à des questions aussi compliquées que : comment les hommes sont-ils apparus sur la terre ? Pourquoi sommes-nous tous différents ? Comment la terre elle-même s'est-elle formée ?
Pour expliquer ces choses qu'ils ne comprenaient pas ou qui les dépassaient, les hommes ont inventé les histoires que tu viens de lire.

Celles que tu vas lire à partir d'ici sont, elles, basées sur des faits véridiques. Ceci veut dire qu'on est sûr que les personnages dont elles parlent ont réellement existé. Il n'empêche que, par moments, on a aussi raconté des légendes à leur sujet, pour mieux faire comprendre les choses.

Tu verras ! Bonne lecture !

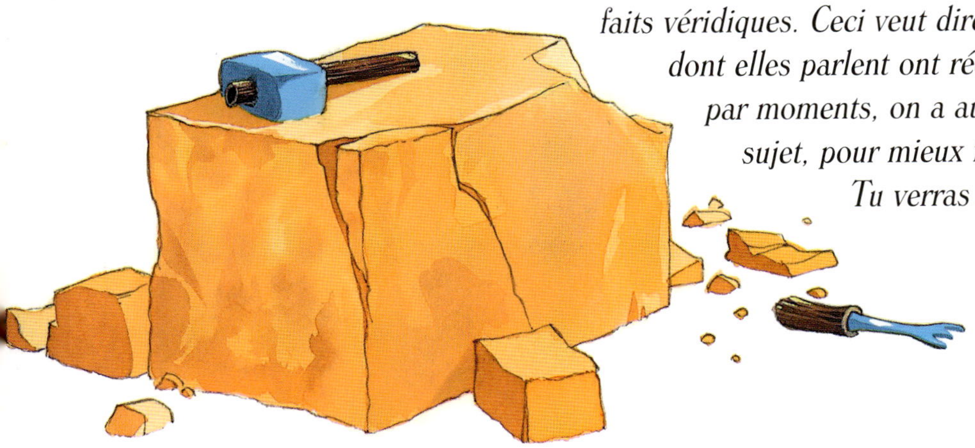

Le voyage d'Abraham

Parmi les descendants de Noé, Dieu choisit un homme : Abraham. C'était un homme riche, né à Ur en Mésopotamie. Il s'était installé avec sa femme Sara à Harân.

Un jour, Dieu dit à Abraham :

– Quitte ton pays. Prends ta femme, tes parents, tes serviteurs, tes troupeaux de brebis, de vaches et de chameaux et tout ce que tu possèdes et va vers le pays de Canaan.

Abraham obéit à Dieu et se mit en route. Son neveu Loth et sa famille les accompagnèrent.

Arrivés au pays de Canaan, ils se rendirent compte qu'il n'y avait pas assez de terres fertiles pour tous. Aussi Abraham et Loth décidèrent-ils de se séparer : Abraham installa ses tentes au sud de Jérusalem, au lieu-dit « les Chênes de Mambré ». Quant à Loth, il se dirigea vers l'est.

Dieu s'adressa alors à Abraham :

– Ce pays que tu vois, je le donnerai à ta descendance.

– Mais je suis vieux et je n'ai pas d'enfant, répondit Abraham.

– Tu auras un fils, Abraham, et tes descendants seront aussi nombreux que les étoiles dans le ciel.

Abraham eut confiance en Dieu ; c'est pourquoi Dieu le trouva juste.

La naissance d'Ismaël

Sara était bien vieille et n'avait pas encore eu d'enfant. Alors, selon la tradition de ce temps-là, elle offrit à son mari sa servante Hagar afin de lui assurer une descendance. Bientôt, Hagar accoucha d'un garçon. Abraham, qui avait alors quatre-vingt-six ans, dit quand il vit son fils :

– Son nom sera Ismaël, ce qui veut dire « Dieu a entendu ma détresse ».

Abraham va avoir un second fils

Un jour, Dieu apparut à Abraham par l'intermédiaire de trois mystérieux visiteurs. Il les accueillit et les fit asseoir à l'ombre d'un chêne près de sa tente. Les hommes lui dirent :

– Sara va bientôt avoir un fils.

Sara, qui préparait à manger pour eux dans la tente, entendit ces paroles et ne put s'empêcher de rire :

– Comment une aussi vieille femme que moi pourrait encore avoir un enfant ? remarqua-t-elle.

Les hommes entendirent son rire et répliquèrent :

– Croyez-vous qu'il soit quelque chose d'impossible pour Dieu ?

Un an après, Sara mit au monde un fils. Abraham, qui avait alors cent ans, dit quand il vit son fils :

– Il s'appellera Isaac, ce qui veut dire « l'enfant du rire ».

Sodome et Gomorrhe

Après s'être séparé d'Abraham, Loth, son neveu, trouva une terre fertile et agréable où installer sa famille : la vallée du Jourdain. Ils s'établirent dans la ville de Sodome, près de Gomorrhe. Or, les gens de ces villes étaient méchants et menaient une mauvaise vie.

« Ces gens commettent des crimes terribles, je vais détruire leurs villes, se dit Dieu. À moins que je ne trouve ne fût-ce que dix justes parmi eux, alors, je les épargnerai. »

Mais ce ne fut pas le cas, et il s'en tint à sa première décision. Cependant, il voulut sauver Loth et les siens. Il lui envoya deux de ses messagers pour le prévenir. Loth les fit entrer chez lui.

Mais les habitants de Sodome n'aimaient pas les envoyés de Dieu. Ils vinrent nombreux crier à sa fenêtre :

– Où sont tes deux invités, Loth ? Fais-les sortir pour qu'on s'amuse !

Loth savait très bien qu'en réalité ils voulaient les maltraiter. Il leur résista pour protéger ses hôtes.

Mais la foule était en délire. Les gens criaient et essayaient de forcer la porte. Voyant cela, les envoyés de Dieu les rendirent tous aveugles. Ils ne purent alors qu'errer à tâtons autour de la maison sans trouver l'entrée. Les messagers pressèrent Loth :

– Hâte-toi de quitter la ville avec ta famille, Loth, ou vous mourrez dans sa destruction. Courez jusqu'à la montagne et surtout ne vous retournez pas !

À peine s'étaient-ils éloignés que Dieu fit pleuvoir du soufre et du feu sur les deux villes. Elles furent entièrement détruites. Dans leur fuite, ils entendirent des bruits terribles derrière eux. La femme de Loth ne put s'empêcher de se retourner pour contempler l'incendie. Au même instant, elle fut transformée en statue de sel.

Ismaël et Isaac

Abraham et Sara, quant à eux, étaient tout à la joie et au bonheur d'avoir eu un enfant dans leur vieillesse. Ils aimaient tendrement leur fils. Selon la tradition, quand Isaac prit son premier repas solide, ses parents donnèrent une grande fête. À cette occasion, Sara remarqua bien vite qu'Ismaël, le fils qu'Abraham avait eu avec Hagar, la servante égyptienne, se moquait d'Isaac. Sara dit alors à Abraham :

– Ismaël doit s'en aller. Chasse-le avec sa mère. Mon fils ne peut hériter avec le fils de cette servante !

Abraham eut de la peine, car il aimait ses deux fils. Mais Dieu le rassura :

– Je protégerai tes deux fils, aussi bien Isaac qu'Ismaël. Chacun d'eux donnera naissance à une grande nation.

Le lendemain matin, Abraham donna à Hagar une outre en peau remplie d'eau et du pain et l'envoya dans le désert avec Ismaël.

Le désert de Be'er-Sheva

Tous deux errèrent dans le désert de Be'er-Sheva durant des jours et des jours. Il y faisait très chaud. Bientôt, ils n'eurent plus d'eau à boire et plus rien à manger. Ismaël s'affaiblissait de plus en plus.

« Il va bientôt mourir », se disait Hagar et, désespérée, elle sanglota.

Soudain, elle entendit une voix. C'était un ange qui lui disait :

– Qu'as-tu, Hagar ? Ne crains rien. Dieu va sauver ton fils. Il veut que de lui naisse une grande nation.

Alors, Dieu lui fit découvrir une source non loin de là. Elle fit boire Ismaël qui fut sauvé. Dieu continua à protéger Ismaël qui grandit et vécut dans le désert. Le temps venu, il épousa une Égyptienne.

Le sacrifice d'Isaac

Dieu voulut savoir si Abraham l'aimait plus que tout. Il décida de le mettre à l'épreuve. Voici ce qu'il lui demanda :

– Abraham, emmène ton fils Isaac sur le sommet de la montagne que je te montrerai. Là, tu me l'offriras en sacrifice par le feu.

Abraham fut accablé de tristesse. Mais il pensait qu'il devait obéir à Dieu, même si ses commandements étaient effroyables. Donc il se mit en route avec Isaac et deux serviteurs. Un âne portait le bois pour le sacrifice. Au bout de trois jours, ils virent la montagne. Abraham laissa les serviteurs avec l'âne. Il prit des braises, un couteau et fit porter le bois par Isaac. Tout en montant, Isaac demanda :

– Mon père, nous avons du bois pour le feu, mais où est l'agneau que nous brûlerons sur le bûcher ?

– L'agneau ? Dieu s'en occupera !

Lorsqu'ils furent arrivés au sommet, Abraham empila le bois, ligota son fils et le coucha sur le bûcher. Il saisit son couteau, le leva au-dessus de sa tête... Mais une voix l'arrêta dans son élan :

– Abraham, Abraham ! Ne fais pas de mal à l'enfant. Je sais maintenant à quel point tu m'aimes et me fais confiance.

Abraham aperçut alors un bélier qui s'était pris les cornes dans un buisson d'épines. Il le tua et l'offrit à Dieu à la place de son fils. L'ange dit encore :

– Puisque tu n'as pas hésité à offrir à Dieu ton fils bien-aimé, Il te couvrira de bénédictions. Tes enfants, leurs enfants et tous ceux qui viendront après toi seront aussi nombreux que les grains de sable au bord de la mer. Ils ne seront jamais vaincus par leurs ennemis. Et toutes les nations seront heureuses que tu aies vécu.

La joie au cœur, Abraham et Isaac redescendirent de la montagne. Ils se mirent en route avec les deux serviteurs et l'âne pour Be'er-Sheva. C'est là qu'ils habitaient. Abraham vécut encore longtemps et heureux.

Sais-tu pourquoi les juifs, les chrétiens et les musulmans se disent tous « fils d'Abraham » ?

C'est vrai qu'on parle aussi d'Abraham dans le Coran. Pour ces trois grandes familles, il est le père des croyants. À son époque, les gens étaient très religieux, mais ils croyaient en plusieurs dieux. Ces dieux n'étaient pas toujours très bons avec les hommes et ceux-ci en avaient peur. Abraham est le premier qui fait confiance en un Dieu unique. Et ça, ça change tout ! Les hommes peuvent avoir confiance en Dieu, car il est bon. La fabuleuse histoire d'amour entre Dieu et les hommes peut réellement commencer.

Ésaü et Jacob, les frères jumeaux

À l'âge de quarante ans, Isaac épousa Rébecca. De nombreuses années après leur mariage, Rébecca mit au monde des jumeaux. L'aîné, Ésaü, était roux et très poilu. Il devint chasseur. C'était le préféré d'Isaac. Le second s'appelait Jacob. C'était un enfant calme et le préféré de sa mère. Il restait le plus souvent auprès d'elle.

À cette époque, la tradition voulait que le fils premier-né hérite de la terre de ses parents. C'est ce qu'on appelle le droit d'aînesse. Jacob aurait bien voulu, lui aussi, hériter de son père.

Or, un jour, Ésaü revint très affamé d'une longue journée aux champs. Jacob, qui était en train de manger, saisit l'occasion pour lui proposer ce marché :

– Je t'échange mon plat de lentilles (c'était justement le mets préféré d'Ésaü !) contre ton droit d'aînesse.

Ésaü avait tellement faim qu'il accepta.

Un peu plus tard, Isaac, qui était devenu bien vieux et aveugle, se dit :

« Ma mort est proche. Il est temps que je désigne mon successeur. »

Et il choisit Ésaü. Rébecca, elle, trouvait que Jacob ferait un bien meilleur chef. Ensemble, ils décidèrent de tromper Isaac.

Elle habilla Jacob des vêtements de son frère et recouvrit ses bras et son cou de la peau d'un chevreau. Jacob se glissa dans la tente de son père.

– Qui est là ? demanda Isaac. Approche que je puisse te toucher. Ce sont bien les bras d'Ésaü, mais tu as la voix de Jacob. Es-tu bien mon fils aîné ?

– C'est bien moi, mentit Jacob.

Le pauvre Isaac fut dupé.

La bénédiction

Isaac promit à Jacob tout ce qui revient à un aîné et il le bénit :

– Que le Dieu tout-puissant te bénisse. Sois le chef de tes frères. Béni soit celui qui te bénira, maudit soit celui qui te maudira.

À son retour, Ésaü pleura de rage en apprenant ce qu'avait fait son frère.

– Après la mort de notre père, je le tuerai, jura-t-il.

Rébecca entendit ces paroles et avertit Jacob :

– Fuis chez mon frère Laban à Harân. Restes-y. Je te ferai savoir quand la colère de ton frère sera apaisée.

Le départ de Jacob

Jacob s'enfuit pour échapper à la colère de son frère. Son voyage vers Harân dura plusieurs jours. Un soir, alors qu'il dormait à la belle étoile, la tête simplement posée sur une pierre, Jacob fit un rêve. Il vit un escalier monumental qui, de la terre, atteignait le ciel. Sur cet escalier, une multitude d'anges montaient et descendaient. Dieu s'adressa à Jacob :

– Je suis le Dieu d'Abraham et de ton père Isaac. La terre sur laquelle tu reposes, je te la donnerai, à toi et à ta descendance. Je serai avec vous pour toujours.

Quand Jacob se réveilla le lendemain matin, il s'écria :

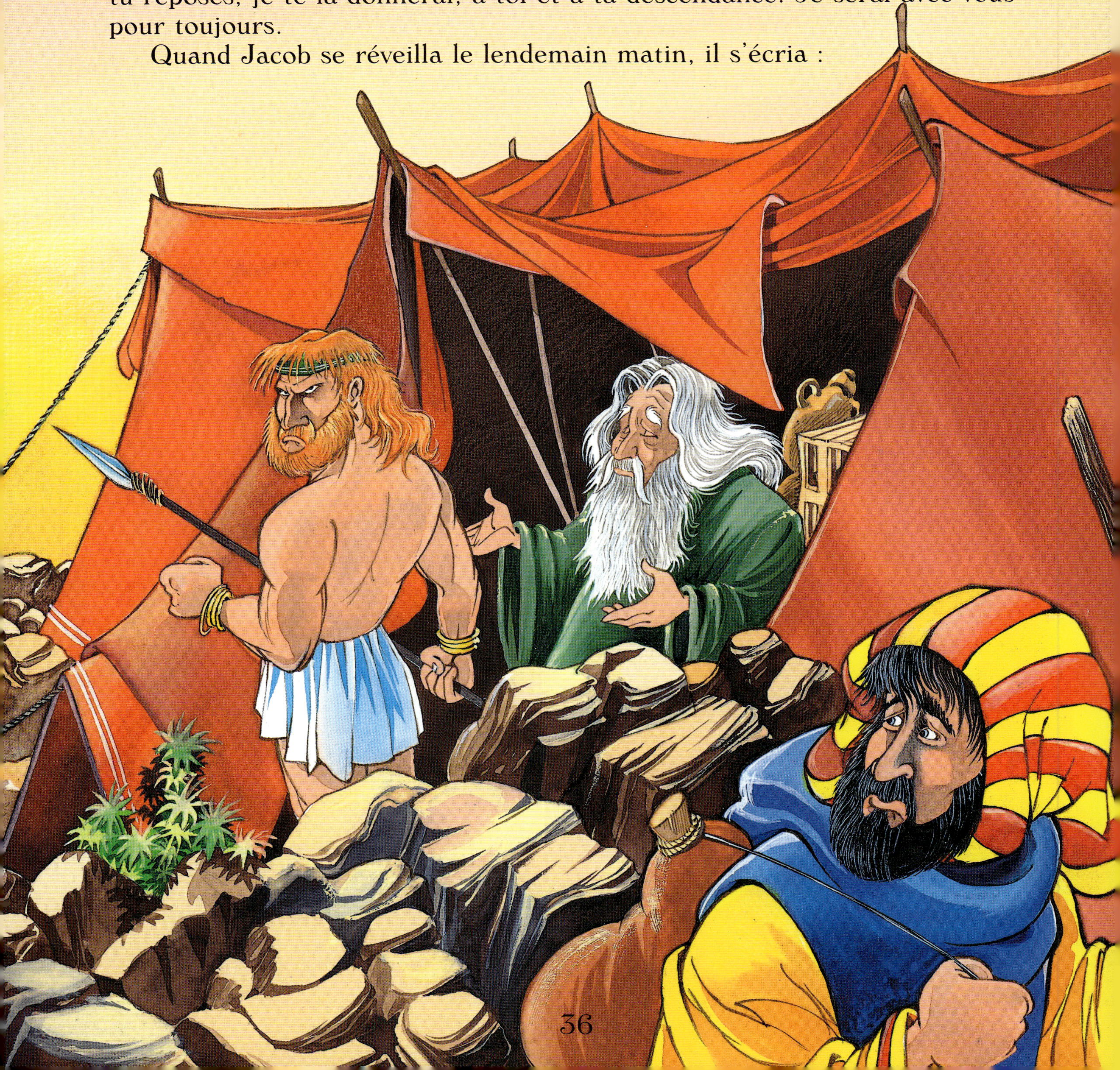

L' échelle de Jacob

– Vraiment, Dieu est ici et je ne le savais pas ! Cet endroit est donc un lieu sacré, c'est la porte du ciel !

Il se leva, dressa la pierre sur laquelle il avait dormi et y versa de l'huile en signe de respect et de remerciement.

– Que ce lieu porte à présent le nom de « Béthel », ce qui veut dire « la maison de Dieu », dit-il avant de poursuivre sa route.

Jacob épouse Rachel

Jacob arriva à Harân. Son oncle Laban l'accueillit à bras ouverts. Au premier regard, Jacob tomba éperdument amoureux de sa cousine, la jolie Rachel. À tel point qu'il proposa à son oncle :

– Laban, je travaillerai sept ans pour toi si tu me donnes ta fille Rachel en mariage.

– D'accord, répondit Laban, mais dans notre région, la coutume veut que la fille aînée se marie la première. Tu devras donc d'abord épouser Léa si tu veux épouser ensuite sa jeune sœur.

Comme à cette époque il était permis d'avoir plusieurs femmes, Jacob accepta. Il travailla dur et devint le riche propriétaire d'un grand troupeau. Il épousa encore deux autres femmes et fut le père d'une famille nombreuse.

Il eut d'abord dix garçons, Ruben, Siméon, Lévi, Juda, Issakar, Zabulon, Dan, Nephtali, Gad et Aser, et une fille, Dina. Plus tard, Rachel, l'épouse préférée de Jacob, lui donna Joseph et Benjamin. Jacob eut donc douze fils.

Les retrouvailles

À la naissance de Joseph, le onzième de ses fils, Jacob se dit :

« Laban commence à être jaloux de mes richesses. Il est temps que je rentre chez moi, dans ma famille. »

Et il rassembla ses femmes, ses enfants et ses serviteurs, ses ânes, ses chameaux, ses chèvres et ses vaches. Tous se mirent en route. Il envoya un messager pour prévenir Ésaü de son retour. Celui-ci vint à sa rencontre accompagné de quatre cents hommes en armes. Les deux frères tombèrent dans les bras l'un de l'autre et pleurèrent.

– Soyez les bienvenus chez moi, dit Ésaü en serrant son frère contre son cœur.

Joseph vendu par ses frères

Un peu avant de revoir son frère Ésaü, Jacob avait fait un songe. Dieu lui avait dit alors :

– À partir de maintenant, on ne t'appellera plus Jacob, mais Israël, ce qui veut dire « fort contre Dieu ».

Ces paroles lui avaient donné encore plus confiance en Dieu. Jacob – de son nouveau nom Israël – s'installa donc au pays de Canaan. Parmi ses douze fils, c'est Joseph qu'il préférait, car c'était le fils de Rachel, sa bien-aimée.

Un jour, il lui offrit une magnifique tunique de toutes les couleurs. Cela rendit ses frères terriblement jaloux. Un autre jour, Joseph, tout naïvement, leur raconta un de ses rêves :

– Voilà, nous étions aux champs en train de lier des gerbes de blé. Et voici que tout à coup, ma gerbe se dresse tandis que les vôtres font un cercle autour d'elle et la saluent.

– Que crois-tu donc, ricanèrent ses frères, que tu vas un jour devenir notre roi ?

Et ils se mirent à le détester. À tel point qu'ils décidèrent de s'en débarrasser une fois pour toutes. Alors, un jour qu'ils étaient aux champs, ils le précipitèrent dans un puits profond.

Mais l'un d'eux vit au loin une caravane de marchands qui se rendaient en Égypte.

– Vendons-le plutôt à ces marchands ! dit-il.

Et c'est finalement ce qu'ils firent. Ensuite, ils tuèrent un bouc, prirent la tunique de Joseph et la trempèrent dans le sang. Quand leur père vit la tunique ensanglantée, il s'exclama :

– La tunique de mon fils ! Mon fils a été dévoré par une bête sauvage !

Il sanglota longuement et resta inconsolable.

Joseph, esclave en Égypte

Les marchands vendirent Joseph à Putiphar, l'homme de confiance du pharaon et chef de la garde royale. Dieu était avec Joseph et lui faisait réussir tout ce qu'il entreprenait. Il était de ce fait très apprécié par son maître. Il lui confia bientôt la responsabilité de toute sa maison et de ses biens.

Mais la femme de Putiphar était secrètement amoureuse de Joseph et faisait tout pour le séduire. Joseph lui résistait, ce qui la rendait furieuse. Pour se venger, elle inventa une histoire de toutes pièces :

– Gardes, au secours ! Cet homme a tenté de m'embrasser. Qu'on le jette en prison pour sa mauvaise conduite !

Deux gardes l'emmenèrent.

En prison, Joseph fit la connaissance de deux autres prisonniers : l'un était l'échanson du pharaon, c'est-à-dire le responsable des boissons, et l'autre son panetier, c'est-à-dire le chef de ses boulangers. Or, une même nuit, les deux hommes firent chacun un rêve étrange.

– Dans mon rêve, je pressais trois grappes de raisin dans la coupe du pharaon, dit le premier.

– Et moi, dit le deuxième, je portais sur la tête trois corbeilles remplies des gâteaux préférés du pharaon. Des oiseaux sont venus et ont tout picoré.

– Que peuvent bien signifier ces songes ? demandèrent-ils à Joseph.

Celui-ci leur répondit :

– Échanson, cela veut dire que dans trois jours tu seras libéré. Panetier, cela veut dire que dans trois jours tu seras pendu !

Et cela se passa comme Joseph l'avait prédit. L'échanson reprit donc son service auprès du pharaon.

Deux ans après cet incident, le pharaon fit, lui aussi, un rêve qui le troubla très fort. Il appela les plus grands sages de toute l'Égypte pour qu'ils l'éclairent sur la signification de ce songe.

Il leur raconta :

– Dans mon rêve, j'ai vu sortir du Nil sept vaches belles d'aspect et bien grasses, qui se mirent à brouter sur les berges du fleuve. Puis, sept vaches maigres et vilaines montèrent du fleuve et dévorèrent les sept vaches grasses.

Le songe du pharaon

Il demanda aux savants qui l'écoutaient :

– Qu'est-ce que cela peut bien vouloir dire ?

Mais aucun ne put lui donner une réponse satisfaisante. C'est alors que l'échanson se souvint du don que Joseph avait pour interpréter les rêves. Il en fit part au pharaon qui ordonna aussitôt :

– Amenez-moi cet homme !

On sortit précipitamment Joseph de la prison et on le présenta au pharaon qui lui demanda :

– Alors, il paraît que tu sais expliquer les rêves ?

– Ce n'est pas moi, répondit Joseph, c'est Dieu à travers moi.

Le pharaon lui raconta son rêve. Joseph réfléchit un moment puis lui dit :

– Dieu a voulu te prévenir que ton peuple allait traverser sept années d'abondance qui seraient suivies de sept années de famine.

Et il ajouta :

– Trouve maintenant un homme intelligent qui organisera le stockage du blé pendant les sept premières années afin de le redistribuer durant les années de sécheresse.

Le pharaon fut impressionné par Joseph et lui dit :

– Puisque Dieu est avec toi, personne ne peut être aussi intelligent que toi. C'est à toi que je confie cette tâche et pour cela, je te nomme gouverneur d'Égypte.

Joseph retrouve ses frères

Joseph travailla beaucoup. Les réserves de nourriture étaient énormes. On venait de partout pour se procurer du blé en Égypte. Un jour, Joseph fut surpris de voir ses dix frères aînés venir lui acheter du blé. Il les reconnut, mais eux ne surent pas qui il était. Ils se prosternèrent devant lui. Joseph se rappela le songe des gerbes de blé et le mal que lui avaient fait ses frères. Il leur parla durement :

– Je parie que vous êtes des espions !

– Non, protestèrent-ils. Notre père est vieux, il a gardé près de lui son plus jeune fils et nous a envoyés ici tout simplement pour acheter du blé.

– Je vous croirai si vous me ramenez votre plus jeune frère. Allez le chercher. En attendant, je garde l'un de vous ici en prison.

Ils partirent apporter le blé à leur père et lui raconter leurs mésaventures.

Peu de temps après, la famine les poussa à retourner à nouveau en Égypte. Cette fois, ils emmenèrent Benjamin avec eux. Joseph était tellement heureux de les voir, qu'il délivra Siméon et les invita tous à manger dans sa luxueuse maison. Malgré sa grande émotion, il ne voulut pas encore leur révéler qui il était. Il voulait les mettre une dernière fois à l'épreuve. Il s'arrangea pour faire accuser Benjamin du vol d'une magnifique coupe qui lui appartenait.

– Puisque c'est un voleur, il sera mon esclave ! déclara-t-il.

Juda implora alors Joseph :

– Pitié, gouverneur ! Prends-moi comme esclave à la place de mon jeune frère. Car, si nous ne le ramenons pas à notre père, il en mourra de chagrin.

Cette fois, Joseph ne put retenir ses larmes plus longtemps. Il éclata en sanglots en disant :

– C'est moi, Joseph, votre frère, celui que vous avez vendu à des marchands !

Il embrassa ses frères, tous pleuraient de joie !

Israël rejoint ses fils

Joseph dit à ses frères :

– Allez vite porter la bonne nouvelle à notre père Israël et faites-le venir près de moi. Amenez aussi vos familles et vos troupeaux pour vous installer tous ici.

Et c'est ce qu'ils firent.

Quand Joseph vit son père, il se jeta à son cou. Israël lui dit :

– Puisque j'ai revu ton visage, maintenant, je peux mourir.

Le pharaon permit à la famille de Joseph de s'installer à Goshen, sur les terres fertiles du delta du Nil. Les pâturages pour leurs troupeaux y abondaient. Ils ne manquèrent de rien.

Israël vécut encore dix-sept ans au pays d'Égypte. Quand il sentit sa fin proche, il fit venir ses douze fils et les bénit. Chacun sera le père d'une des douze tribus d'Israël.

Esclaves en Égypte

Les années passèrent. Joseph mourut à son tour. Les pharaons se succédèrent et petit à petit oublièrent ce que Joseph avait fait pour leur pays. Les Égyptiens finirent par détester tellement les Israélites, qu'ils en firent leurs esclaves. Un nouveau pharaon déclara même un jour :

– Les fils d'Israël sont trop nombreux et trop puissants. Empêchons-les de se multiplier ! Que tout garçon nouveau-né de mère israélite soit jeté dans le Nil !

Une jeune maman terrifiée par tant de cruauté décida de sauver son bébé. Elle le cacha. Mais au bout de trois mois, il devint difficile de le dissimuler encore. Elle tressa une corbeille en papyrus, l'enduisit de bitume pour qu'elle flotte, y coucha son enfant et la déposa dans les roseaux sur les bords du Nil.

Moïse sauvé des eaux

La fille du pharaon vint se baigner dans le fleuve. Elle trouva la corbeille et l'enfant qui pleurait.

Elle fut tellement émue qu'elle le prit avec elle au palais et l'adopta.

– Je vais l'appeler « Moïse », dit-elle à ses servantes, ce qui veut dire « sauvé des eaux ».

Et elle l'éleva comme son propre fils.

Moïse grandit, mais n'oublia jamais qu'il était israélite. Un jour, il fut tellement en colère de voir un Égyptien maltraiter un Israélite, qu'il tua l'Égyptien. Le pharaon l'apprit et Moïse dut fuir le pays.

Il s'installa au pays de Madian où il devint berger et se maria.

Le Buisson ardent

Un jour qu'il faisait paître son troupeau dans la montagne du Sinaï, Moïse fut intrigué par un buisson en feu :

« Comme c'est bizarre, se dit-il, ce buisson brûle mais ne se consume pas ! »

Et il s'approcha. Dieu s'adressa à lui du milieu du buisson :

– J'ai vu la souffrance de mon peuple en Égypte. Je veux le délivrer et le ramener au pays de Canaan. Moïse, c'est toi que j'ai choisi pour conduire mon peuple. Va trouver le pharaon.

Moïse protesta :

– Mais ni les Israélites ni le pharaon ne me croiront, moi un simple berger qui ai déjà tant de mal à m'exprimer !

Dieu le rassura :

– Va, je serai avec toi. Aux Israélites, tu diras que celui qui t'a envoyé, c'est le Dieu de leurs pères. Son nom est « JE SUIS ». Et devant le pharaon, je te ferai accomplir des prodiges pour qu'il te croie et t'accorde ce que tu demandes.

À ces mots, Dieu transforma le bâton de Moïse en serpent. Lui faisant reprendre la forme d'un bâton, il ajouta :

– Va, fais comme je t'ai dit. Avec ce bâton, tu accompliras de grandes choses !

Moïse met le pharaon en garde

Moïse, le bâton de Dieu à la main, quitta le pays de Madian et se mit en route pour l'Égypte.

Aaron, son frère, avait la parole facile. Il l'accompagna chez le pharaon. Moïse dit à celui-ci :

– C'est le Dieu d'Israël qui m'envoie. Il te dit : « Laisse partir mon peuple me prier dans le désert. »

Le pharaon répondit :

– Je ne connais pas ton Dieu. Laisse mes esclaves tranquilles, pas question qu'ils abandonnent leur travail !

Et il traita encore plus durement les Israélites. Ceux-ci en voulurent à Moïse et à Aaron :

– Voyez, à cause de vous, le pharaon nous fait fouetter et punir !

Les deux frères retournèrent chez le pharaon, mais il s'obstinait dans son refus. Moïse se souvint alors des paroles du Seigneur, il dit à Aaron :

– Jette ton bâton sur le sol.

Aaron jeta son bâton devant le pharaon et il se transforma en serpent. Surpris, le pharaon envoya chercher ses magiciens qui en firent autant avec leurs propres bâtons. Cependant, le serpent d'Aaron avala les leurs. Malgré ce signe, le pharaon resta inflexible. Alors, Dieu décida de se manifester par des prodiges encore plus grands.

Les plaies d'Égypte

Dieu accabla l'Égypte de dix malheurs plus terribles les uns que les autres. L'eau du Nil se transforma en sang. Le pays fut envahi de grenouilles, de moustiques et de vers. La peste fit mourir tous les animaux et les Égyptiens furent couverts de vilains furoncles. La grêle détruisit les récoltes et des millions de sauterelles dévorèrent toute la végétation.

À chaque catastrophe, le pharaon promettait de laisser partir le peuple d'Israël, mais à chaque fois il trahissait ses promesses. Alors, Dieu fit régner la nuit pendant trois jours sur l'Égypte. Le pharaon finit par dire à Moïse :

– Sors d'ici et ne reviens jamais me voir. Si je te revois, je te tue !

Mais il ignorait que la dixième catastrophe, la plus terrible, n'était pas encore arrivée.

La Pâque

Dieu dit alors à Moïse :

– Voici la dernière plaie : à minuit, tous les premiers-nés chez les Égyptiens mourront. Ce soir, faites rôtir un agneau par famille et mangez-le en toute hâte, les sandales aux pieds et le bâton à la main, prêts pour le voyage. Vous marquerez les montants de vos portes avec le sang de cet agneau. Ainsi, cette nuit, je reconnaîtrai vos maisons et la mort épargnera vos premiers-nés.

Il termina en disant :

– Ce jour est la Pâque du Seigneur. Chaque année, vous le fêterez en souvenir de votre sortie d'Égypte.

Et tout se passa comme Dieu l'avait dit. Cette nuit-là, les enfants d'Israël s'enfuirent avec leurs troupeaux et leurs biens. Après quatre cent trente ans de captivité, ils quittèrent l'Égypte.

Le passage de la mer Rouge

Dieu guida son peuple hors d'Égypte. Les fils d'Israël marchèrent jour et nuit et finirent par établir un campement au bord de la mer Rouge. Entre-temps, le pharaon changea une nouvelle fois d'avis :

– Pourquoi donc ai-je laissé partir mes esclaves ?

Et il se lança, avec son armée de six cents chars, à la poursuite des Israélites. Quand ceux-ci entendirent au loin les chars du pharaon, ils prirent peur et dirent à Moïse :

– Pourquoi nous as-tu fait sortir d'Égypte ? Mieux valait pour nous être esclaves des Égyptiens que mourir dans le désert !

– N'ayez pas peur, répondit Moïse, le Seigneur nous protégera !

En effet, Dieu dit à Moïse :

– Étends ton bâton au-dessus de la mer.

Aussitôt, le vent d'est se mit à souffler. Il souffla si fort que les flots se fendirent. Un passage se forma au milieu de deux murailles d'eau. Tous traversèrent à pied sec. Les Égyptiens les poursuivirent jusqu'au milieu de la mer. Alors le Seigneur dit à Moïse :

– Étends à nouveau la main sur la mer, que les eaux se referment sur les Égyptiens, leurs chars et leurs cavaliers.

Et c'est ce qui arriva : tous les soldats égyptiens et le pharaon lui-même furent engloutis dans les flots de la mer Rouge.

Les Israélites, eux, arrivèrent sains et saufs sur l'autre rive. Ils étaient maintenant vraiment libérés des Égyptiens. Ils laissèrent éclater leur joie en chantant et en dansant au son des tambourins.

Ce jour-là, voyant ce que Dieu avait fait pour eux, ils eurent confiance en lui et en Moïse son prophète.

Dieu protège les Israélites

Le peuple d'Israël marcha durant de longues semaines. La vie dans le désert était rude. Ils commencèrent à se plaindre à Moïse et à Aaron :

– En Égypte au moins, nous avions à manger. Nous as-tu amenés ici pour que nous mourions de faim ?

Dieu entendit les plaintes de son peuple et promit à Moïse :

– Dis-leur qu'ils ne manqueront pas de nourriture.

Et le soir même, des cailles, fatiguées par une longue migration, se posèrent sur le campement. Il fut facile de les attraper. Le lendemain matin, le sol était couvert d'une fine croûte blanche, comme du givre, et cela avait le goût des beignets au miel. Ils se demandèrent en hébreu :

– *Man hou ?* – ce qui veut dire : « C'est quoi ? »

– C'est le pain que Dieu vous envoie, leur répondit Moïse.

Et ils baptisèrent cette nourriture la « Manne » de Dieu. Chaque matin, ils en ramassèrent et en mangèrent à leur faim.

Mais ils se plaignirent encore à Moïse :

– Pourquoi nous as-tu fait sortir d'Égypte ? Pour que nous mourions de soif ? Le Seigneur est-il au milieu de nous, oui ou non ?

Dieu guida alors Moïse près d'un rocher et lui dit :

– Frappe ce rocher de ton bâton.

Aussitôt, une eau fraîche et pure jaillit du rocher. Chacun put boire à sa soif.

Les tables de la Loi

Trois mois après leur sortie d'Égypte, ils installèrent leur campement au pied du mont Sinaï. Moïse gravit la montagne pour prier Dieu. Après trois jours de prière, le tonnerre éclata. Le peuple resté en bas fut effrayé à la vue des éclairs, des flammes et de la fumée qui semblaient sortir de la montagne.

La voix de Dieu retentit comme le son d'une trompette. Dieu dit à Moïse :

– Je suis le Seigneur ton Dieu qui t'ai fait sortir du pays d'Égypte. Voici mes commandements.

Quand il eut fini de les énumérer tous, il remit à Moïse deux tablettes de pierre où étaient gravés les dix commandements :

I.
Tu n'auras pas
d'autre dieu que moi.
Tu ne feras ni statue ni sculpture
pour adorer de faux dieux.

II. Tu n'utiliseras pas mon nom pour
faire le mal.

III. Repose-toi le 7e jour.
Consacre-moi ce jour.

IV. Tu respecteras tes parents,
montre-leur comme tu les aimes.

V. Tu ne tueras pas.

VI.
Maris et femmes,
vous ne serez pas infidèles
à votre amour.

VII. Tu ne voleras pas.

VIII. Tu ne diras pas de mensonges
ni du mal des autres.

IX. Tu ne regarderas pas avec envie
la femme de ton voisin.

X. Tu ne regarderas avec envie ni sa
maison, ni son champ, ni
son âne, ni rien de ce qui est à lui.

Le veau d'or

Moïse resta quarante jours et quarante nuits sur le mont Sinaï. Les Israélites perdirent patience et crurent que Dieu les avait abandonnés. Ils demandèrent à Aaron, le frère de Moïse :

– Fais-nous un autre dieu, qu'on puisse le voir de nos yeux et l'adorer.

– Apportez-moi vos bijoux en or, répondit Aaron.

Il les fit fondre et moula l'or en forme de veau. Ils s'agenouillèrent tous devant le veau d'or et crièrent :

– Voici le dieu qui nous a fait sortir d'Égypte !

Et ils firent une grande fête.

À ce moment-là, Moïse redescendit de la montagne. Il vit la statue et la fête, il entendit les cantiques, il surprit son peuple en train d'adorer ce faux dieu. Alors, il entra dans une grande colère : il brisa les tablettes de pierre et brûla le veau d'or. Il dit à son peuple :

– Qu'est-ce que vous faites, malheureux ! Vous avez été infidèles à Dieu !

Et il ajouta :

– Je vais retourner sur la montagne le prier encore et lui demander qu'il vous pardonne.

L'arche d'Alliance

Sur la montagne, le Seigneur donna à Moïse deux nouvelles tablettes où était gravée sa loi. Quand il redescendit, il fit construire un grand coffre de bois précieux recouvert d'or. Il y plaça les deux pierres. Les Israélites l'appelèrent « arche d'Alliance » et ils l'emportèrent partout avec eux. Pour protéger ce coffre, Moïse fit coudre une magnifique tente avec les plus belles étoffes de couleur pourpre, rouge et cramoisi. On l'appela le Tabernacle. Cette tente devint la demeure du Seigneur qui la remplit de sa nuée.

Leur marche dans le désert dura quarante ans. Moïse devenait vieux. Il fit appeler Josué, le bénit et, du haut du mont Nébo, lui dit :

L'arrivée en Terre promise

– Le pays que tu vois au loin, c'est le pays de Canaan. Moi, je suis vieux, je n'y entrerai pas. C'est toi, Josué, qui conduira notre peuple dans cette Terre promise par Dieu. Sois courageux et fort. Ne crains rien, car Dieu ne t'abandonnera pas. Il a promis qu'un jour il enverrait un très grand prophète.

Avec de très belles paroles, il bénit également les douze tribus d'Israël. Peu de temps après, Moïse mourut. Il avait cent vingt ans. Il fut le plus grand des prophètes.

La bataille de Jéricho

Josué fut un grand chef et Dieu était avec lui. Le Seigneur donna un signe de sa présence dès l'entrée des fils d'Israël en Terre promise : il les aida à traverser le fleuve Jourdain, tout comme il avait aidé Moïse à traverser la mer Rouge. Le peuple eut alors grande confiance en Josué.

La première ville à conquérir fut Jéricho. Ses habitants étaient terrorisés, car ils avaient appris tout ce que Dieu avait déjà réalisé pour son peuple. Ils s'enfermèrent derrière de hautes murailles :

« Comment faire pour pénétrer dans la ville ? » se demanda Josué.

Encore une fois, Dieu leur vint en aide. Il dit à Josué :

– Je te donne Jéricho. Chaque jour, pendant six jours, vous ferez, toi et tes hommes, une fois le tour de la ville en silence. En tête du cortège, tu placeras l'Arche escortée de sept prêtres portant chacun une trompe en corne de bélier.

Le septième jour, vous ferez sept fois le tour de la ville. Pendant que les prêtres sonneront de leurs cornes, tu demanderas à ton peuple de pousser un énorme cri de guerre. Alors les murs de Jéricho s'écrouleront et la ville sera à vous.

Et c'est ce qui arriva : le septième jour, les remparts s'effondrèrent et la ville tomba aux mains des Israélites. Dieu aida Josué à conquérir ainsi tout le pays de Canaan.

Dieu appelle Gédéon

Josué partagea la Terre promise entre les douze tribus d'Israël. Chacune reçut un territoire bien délimité pour s'installer. Petit à petit, les Israélites délaissèrent leurs tentes de nomades pour habiter dans des maisons et ils se mirent à cultiver la terre. Ils s'adaptèrent si bien aux coutumes locales qu'ils finirent même par adorer les dieux du pays de Canaan. Une fois encore, ils oublièrent leur Dieu.

Bien plus tard, le peuple de Madian les attaqua. Dieu voulut les aider même s'ils étaient infidèles. Il envoya un ange dire à Gédéon :

– Le Seigneur t'a choisi pour délivrer son peuple des Madianites.

– Mais je ne suis qu'un pauvre cultivateur, répliqua Gédéon.

– Va, le Seigneur est avec toi !

Gédéon vainc les Madianites

Et Gédéon fit tout ce que Dieu lui demanda. À la tombée de la nuit, il détruisit la statue du dieu Baal. Il partit ensuite avec trois cents hommes encercler le camp ennemi. Il équipa chaque homme d'un cor en corne de bélier, d'une cruche en terre et d'une torche. Ils attendirent en silence dans la nuit noire. Puis, d'un seul coup, ils cassèrent leurs jarres, soufflèrent tous dans leurs trompes et brandirent leurs torches. Ceci fit un tel vacarme que les Madianites s'enfuirent à toutes jambes et, même, s'entretuèrent.

Le peuple libéré demanda à Gédéon :

– Sois notre roi !

Gédéon répondit :

– Que le Seigneur soit votre seul souverain !

Pendant quarante ans, le peuple d'Israël vécut en paix. Mais à la mort de Gédéon, ils recommencèrent à adorer de faux dieux.

La force de Samson

Or, à chaque fois que les fils d'Israël s'éloignaient de Dieu, des choses terribles arrivaient. Cette fois, ils durent faire face à un nouvel ennemi, les Philistins. Mais Dieu n'était pas sourd aux plaintes de son peuple et, une nouvelle fois, il choisit un homme pour le délivrer et le ramener à lui. Cet homme s'appelait Samson. Un messager de Dieu avait prévenu sa mère :

– Tu consacreras ton fils à Dieu ; c'est pourquoi tu ne lui couperas jamais les cheveux. Il deviendra fort et il aidera Israël à se débarrasser des Philistins.

En effet, Samson avait une force extraordinaire : un jour, il tua un lion à mains nues, et, un autre jour, il tua à lui seul mille Philistins en les frappant avec un os !

Plus tard, il tomba amoureux d'une femme nommée Dalila. Les Philistins, qui voulaient capturer Samson, vinrent la trouver :

– Use de ton charme pour essayer de connaître le secret de la force de Samson. Nous te payerons cher.

Samson et Dalila

Dalila déploya tout son charme, Samson lui résista avec humour. Quand elle le harcelait de questions, il répondait par des plaisanteries. Quand elle insistait, il inventait des réponses farfelues. Quand elle s'énervait, il se moquait gentiment. Agacée par ce petit jeu, elle fit du chantage.

– Si tu ne me dis pas la vérité, c'est que tu n'es pas vraiment amoureux de moi...

Samson finit par lui avouer que si on lui coupait les cheveux, sa force s'en irait.

Samson dans le temple

Alors, Dalila et les Philistins lui tendirent un piège. Pendant qu'il dormait, elle lui coupa les cheveux. À son réveil, sans force, il fut rapidement maîtrisé par les soldats. On lui creva les yeux et on le jeta en prison. Là, ses cheveux repoussèrent peu à peu.

Plus tard, les Philistins organisèrent une grande fête pour célébrer la capture de leur ennemi. Ils se réunirent tous dans le temple de leur dieu Dagon et firent amener Samson pour qu'on se moque de lui et que la foule s'amuse :

– Alors, où est le champion des Israélites ? Voyons, où est sa force maintenant ?

Samson, qui se tenait entre deux colonnes du temple, pria Dieu en silence :

– Seigneur, rends-moi ta force, une dernière fois, je t'en supplie !

Puis, il étendit les bras et, avec toute son énergie, poussa les colonnes.

– Que je meure avec les Philistins ! cria-t-il.

Et, dans un fracas épouvantable, le temple s'écroula sur lui, les Philistins et leurs rois. Ainsi, par sa mort, Samson remporta une dernière victoire sur ses ennemis.

Samuel, l'élu de Dieu

Anne, une femme israélite, était désespérée car elle n'avait pas d'enfant. Elle se rendit au temple de Silo où se trouvait l'arche d'Alliance. Elle adressa avec ferveur cette prière à Dieu :

– Je t'en supplie, Seigneur, donne-moi un fils. Si tu m'exauces, je te promets qu'il te servira sa vie entière.

Et quelque temps après, elle mit au monde un fils qu'elle appela Samuel. Elle n'oublia pas sa promesse. Dès que Samuel fut assez grand, elle l'emmena au temple de Silo et le confia au prêtre Éli. Éli lui apprit à servir Dieu.

Les années passèrent et cela faisait bien longtemps que Dieu ne s'était plus manifesté aux hommes. Or, une nuit, Samuel qui dormait dans le temple près de l'Arche entendit une voix qui disait :

– Samuel, Samuel !

Samuel se précipita auprès d'Éli et dit :

– Me voici !

Éli, tout surpris, lui dit :

– Mais je ne t'ai pas appelé. Retourne te coucher.

La voix appela une seconde fois Samuel qui alla trouver Éli :

– Me voici puisque tu m'as appelé !

– Mais je ne t'ai pas appelé, répondit Éli. Retourne te coucher.

Et la voix appela une troisième fois. Cette fois, Éli comprit que c'était le Seigneur qui appelait. Éli dit alors à Samuel :

– Recouche-toi, et si la voix appelle encore, tu répondras : « Parle, Seigneur, ton serviteur écoute. »

À peine couché, la voix appela :

– Samuel, Samuel !

Samuel répondit comme Éli le lui avait dit. Alors, le Seigneur lui parla dans le temple.

Bientôt tout le pays fut au courant. Dieu s'adressa de plus en plus souvent à Samuel. On le considéra bien vite comme un grand prophète. Le peuple écoutait et mettait en pratique toutes les paroles que Dieu lui adressait par la bouche de Samuel. Samuel dirigea Israël et pendant tout ce temps, Dieu les protégea des Philistins.

Saül, le premier roi d'Israël

Plus tard, le peuple réclama à Samuel :

– Maintenant, donne-nous un roi comme les autres peuples.

– Mais ne savez-vous pas que pour vous, le seul roi, c'est Dieu ? C'est à lui seul que vous devez obéir, leur répondit Samuel.

Et il les mit en garde :

– Votre roi voudra devenir puissant : il prendra vos fils pour en faire ses soldats et vos filles comme servantes ; il prendra vos meilleurs ânes, les plus beaux agneaux et les meilleures terres.

Mais rien n'y fit. Le Seigneur dit à Samuel :

– Donne-leur un roi, ils verront par eux-mêmes !

Et il l'aida à trouver l'homme qu'il fallait. Il choisit Saül, le plus jeune fils de la plus petite famille de la plus petite tribu d'Israël, celle de Benjamin. Il était grand et costaud et avait beaucoup de qualités. Samuel versa de l'huile sur la tête de Saül en disant :

– C'est le signe que le Seigneur t'a choisi. Tu seras le roi d'Israël !

Saül, avec l'aide de son fils Jonathan, se battit vaillamment contre tous les ennemis d'Israël. Mais bientôt, le pouvoir lui monta à la tête et il s'écarta de Dieu. Dieu regretta de l'avoir fait roi et décida de choisir quelqu'un d'autre pour le remplacer.

David, le jeune berger

Dieu envoya Samuel à Bethléem. Il lui dit :

– Va trouver Jessé, c'est parmi ses fils que j'ai vu le roi qu'il me faut.

Samuel obéit à Dieu. Quand il vit Éliav, le fils aîné de Jessé, Samuel pensa :

– Celui-ci est un grand et beau jeune homme, c'est sûrement lui que Dieu a choisi.

Mais le Seigneur lui dit :

– Non, ce n'est pas lui. Dieu ne regarde pas comme l'homme : l'homme regarde les apparences, Dieu regarde le cœur.

Jessé présenta ses six autres fils à Samuel, mais aucun d'eux n'était celui que Dieu avait choisi. Samuel demanda à Jessé :

– N'as-tu pas d'autres fils, car Dieu n'a choisi aucun de ces garçons ?

– Si, répondit Jessé, le plus jeune, David, garde le troupeau.

– Envoie le chercher, dit Samuel.

À ce moment, David arriva. Il avait le teint frais et une jolie frimousse. Dieu dit à Samuel :

– C'est lui ! Marque-le du signe de l'huile.

À partir de ce jour, l'esprit du Seigneur ne quitta plus David.

Le combat contre Goliath

Les combats contre les Philistins reprirent. Les deux armées campaient face à face et se préparaient pour la bataille. Parmi les soldats israélites se trouvaient les trois fils aînés de Jessé. Jessé envoya David leur porter à manger. Quand David arriva au camp, il vit un géant sortir des rangs ennemis. Il venait pour la quarantième fois narguer les Israélites :

– Qui ose venir se battre contre moi ?

Goliath, c'était le nom de ce colosse, était vraiment impressionnant : il mesurait près de trois mètres ! Il était revêtu d'un casque, d'une cuirasse et de jambières et était armé d'une épée et d'une énorme lance. Les Israélites tremblaient rien qu'en le voyant. Le petit David dit :

– Moi, je vais combattre ce géant.

– Mais tu n'es qu'un enfant, lui répondit Saül. Goliath, lui, est un vrai guerrier !

Mais David s'entêta. Il refusa les armes et la cuirasse qu'on lui proposait. Il partit au combat avec sa fronde et cinq pierres.

– Viens que je t'écrase, minus ! ricana Goliath.

Mais David, courageux et confiant, répliqua :

– Toi, tu viens à moi lourdement armé ; moi, ma seule vraie arme, c'est la confiance que j'ai en Dieu !

À ces mots, avec sa fronde, il lui lança une pierre en plein front. Goliath s'écroula, mort. Voyant leur héros étendu au sol, les Philistins hurlèrent et prirent la fuite.

David doit s'enfuir

Saül fut impressionné par l'exploit de David et le prit immédiatement à son service. Il le fit combattre à la tête de son armée, contre les Philistins. Il espérait en secret qu'un jour il se ferait tuer au combat, car en réalité Saül était très jaloux du succès de David. Mais plus David combattait, plus il était victorieux et plus on l'acclamait. Cela rendait Saül fou de rage :

« Bientôt il me prendra le trône ! » pensait-il.

La seule chose qui calmait Saül, c'était la musique. Or, David était un excellent musicien. Il composait même des psaumes, ces jolies chansons à la gloire de Dieu. David venait souvent jouer de la harpe et chanter pour le roi. Dans la maison royale, tout le monde aimait David, surtout les deux enfants de Saül : Jonathan devint son plus fidèle ami et Mikal l'épousa.

Un jour, la mélodie de sa harpe ne calma pas du tout la fureur de Saül. Ne contrôlant plus sa colère, Saül prit sa lance et l'envoya à la tête de David. Celui-ci l'évita de justesse et prit la fuite.

Jonathan essaya de raisonner son père, mais sans succès. Il fit savoir à son ami que sa vie était réellement en danger et qu'il ferait mieux de rester caché.

David alla chercher l'aide de Samuel. Il se cacha avec lui et une bande d'amis dans le désert de Ein-Guédi, au bord de la mer Morte. Ils vécurent dans des grottes durant de longs mois.

David épargne Saül

Entre-temps, Saül s'était lancé à la poursuite de David. Il était toujours bien déterminé à le tuer. Un jour, alors qu'il ratissait la région de Ein-Guédi avec ses soldats, Saül entra dans une grotte pour se reposer au frais. C'était justement la grotte où se terraient David et ses amis ! David s'approcha en silence de Saül et lui coupa un morceau de son manteau. Saül allait ressortir de la grotte quand David lui cria :

– Mon seigneur le roi !

Saül sursauta et David ajouta en brandissant le morceau d'étoffe :

– Regarde, Saül, je me suis approché si près de toi que j'aurais pu te tuer sans problème. Mais je ne l'ai pas fait car tu as été sacré par l'huile sainte. Je ne t'en veux pas de vouloir ma mort, mais moi, je ne veux pas la tienne. Dieu seul décidera.

À ces mots, Saül eut honte et sanglota :

– David, c'est toi qui es juste : tu m'as rendu le bien pour le mal. Que le Seigneur soit avec toi ! Maintenant, je sais que c'est toi qui seras le roi d'Israël.

L'arrivée à Jérusalem

Saül et ses fils moururent à la guerre. Le peuple, qui aimait beaucoup David, le proclama nouveau roi d'Israël. David et ses soldats prirent la ville de Jérusalem pour en faire la capitale du royaume.

On y monta l'arche d'Alliance escortée par une foule joyeuse qui chantait et dansait au son des flûtes et des tambourins.

David laissa éclater sa joie lui aussi : il ôta ses vêtements de roi pour danser devant l'Arche. En l'apercevant de son balcon, Mikal, sa femme, lui dit :

– Quelle honte pour un roi de danser à moitié nu devant le peuple !

David lui répondit :

– Je n'ai pas honte de danser puisque c'est pour notre Seigneur que je le fais !

David régna durant quarante ans ; il fut un grand roi. Il débarrassa Israël de tous ses ennemis.

Le jugement de Salomon

À la mort de David, c'est son fils Salomon qui lui succéda. Dieu lui donna une grande intelligence et un cœur sage. Voici ce qui arriva un jour.

Deux jeunes mamans lui présentèrent un bébé. Chacune prétendait que ce bébé était le sien et que celui de l'autre était mort durant la nuit. Elles pleuraient et se disputaient. Elles demandèrent au roi de juger qui, d'elles deux, avait raison.

– Qu'on apporte une épée, dit Salomon, et que l'on coupe l'enfant en deux ! Chaque mère retournera avec une moitié.

La première femme hurla :

– Donnez-lui le bébé mais, je vous en supplie, ne le tuez pas !

– Coupez-le en deux, dit la deuxième, ainsi il ne sera à personne !

Salomon comprit alors que la vraie mère était la première femme, celle qui ne voulait pas voir mourir son enfant. Il ordonna qu'on lui remette le bébé.

Cette histoire fit le tour du royaume. La grande sagesse de Salomon le rendit célèbre dans le monde entier.

Le temple de Salomon

Dieu donna également à Salomon de grandes richesses. Il épousa la fille du pharaon et fit donc la paix avec l'Égypte ainsi qu'avec tous ses autres ennemis. Paix et richesse lui permirent de réaliser enfin le rêve de David : la construction d'un temple magnifique qui sera la maison de Dieu.

Il envoya un message à son ami le roi de Tyr en Phénicie :

– Envoie-moi tout le bois de cèdre et de cyprès que tu peux me donner. En échange, accepte ce blé et cette huile d'olive.

Salomon envoya trente mille hommes travailler en Phénicie pour couper le bois. Il engagea soixante-dix mille porteurs et quatre-vingt mille tailleurs de pierre. La construction dura sept ans. Le résultat fut magnifique. Le temple était immense. L'intérieur était richement décoré de bois sculpté et de colonnes de bronze. Tous les murs étaient recouverts d'or. Le peuple était en admiration devant tant de beauté.

Lors d'une grande fête, Salomon fit placer l'Arche dans la plus belle pièce du temple. Soudain, la nuée du Seigneur emplit le temple : c'était le signe de la gloire de Dieu.

Depuis ce jour-là, c'est dans ce temple que les Israélites, et même les étrangers, vinrent prier le Seigneur.

Salomon construisit également un palais extraordinaire pour lui et sa famille ainsi qu'une muraille autour de Jérusalem. Israël ne connut plus jamais de pareil roi. Salomon régna durant quarante ans. À sa mort, les tribus d'Israël se disputèrent et se divisèrent : les dix tribus du Nord formèrent le royaume d'Israël avec, pour capitale, Samarie. Jéroboam, un général de Salomon, en fut le premier roi. La tribu de Juda et celle de Benjamin au Sud devinrent le royaume de Juda qui fut dirigé par Roboam, le fils de Salomon. Jérusalem en fut la capitale.

Élie au désert

Les rois d'Israël et de Juda se succédèrent, se firent la guerre et se détournèrent de Dieu pour adorer Baal. Le roi Achab et son épouse Jézabel furent infidèles et cruels : ils tuèrent tous les prophètes de Dieu...

et les remplacèrent par des prêtres de Baal. Dieu voulut protéger au moins un prophète du royaume du Nord : Élie.

Il lui dit :

– Va te cacher dans le ravin que je t'indiquerai. Là, tu boiras l'eau du torrent et les corbeaux t'apporteront chaque jour de la nourriture.

L'autel sur le mont Carmel

Dieu envoya une grande sécheresse sur Israël, le royaume du Nord. Au bout de trois ans, le torrent fut à sec et Dieu dit à Élie de sortir de sa cachette et d'aller trouver le roi Achab.

– C'est toi le porte-malheur d'Israël ! lui dit le roi.

– Non, répondit Élie, c'est toi parce que tu ne pries plus Dieu.

– Mais c'est Baal le vrai dieu !

– C'est ce qu'on va voir ! Venez avec moi sur le mont Carmel. Vous, les adorateurs de Baal, vous bâtirez un autel avec un bûcher pour le sacrifice. J'en ferai de même pour mon Dieu. Vous prierez Baal et moi Dieu. Celui qui répondra par le feu sera le vrai Dieu.

Et ils prièrent Baal la journée entière, mais sans réponse. Élie, lui, adressa une prière toute simple à Dieu et aussitôt, son bûcher s'enflamma.

Tous se mirent à genoux et crièrent :

– C'est le Seigneur qui est Dieu !

Peu de temps après, Dieu envoya la pluie sur Israël.

Le dernier voyage d'Élie

Sentant sa fin proche, Élie désigna Élisée comme successeur. Un jour qu'ils faisaient route ensemble, les deux prophètes arrivèrent au bord du Jourdain. Élie prit son manteau et en frappa les eaux du fleuve. Elles se séparèrent et ils purent traverser à pied sec. Un peu plus loin, il leur arriva quelque chose d'encore plus extraordinaire : un char de feu tiré par deux chevaux de feu passa entre eux deux et emporta Élie dans les cieux. Il disparut dans un gros nuage de tempête. Élisée ramassa le manteau d'Élie et en frappa lui aussi l'eau du Jourdain en disant :

– Où est le Dieu d' Élie ?

Le fleuve s'ouvrit et il put traverser. L' esprit d' Élie était avec lui.

Élisée et les autres prophètes

Pendant près de trois cent cinquante ans, les rois, descendants de David, se succédèrent dans le royaume de Juda. Le royaume d'Israël connut de nombreux rois également, mais il fut envahi après deux cents ans et disparut. Certains furent de bons rois, mais la plupart désobéirent à Dieu et l'oublièrent. Dieu envoya à son peuple de nombreux prophètes pour le mettre en garde. Les prophètes se succédèrent. Au nord, après Élie et Élisée, il y eut Amos et Osée. Au sud, ce furent Michée, Isaïe, Jérémie, Ézéchiel et bien d'autres qui parlèrent au nom du Seigneur. Tous tinrent à peu près le même langage.

– Si vous continuez à mal vous conduire, Dieu va finir par vous enlever la terre qu'il vous a donnée, disait l'un.

– Il détruira même le temple de Jérusalem, ajoutait l'autre.

– Vos ennemis vont vous attaquer et vous vaincre, annonçait un troisième.

Mais, tant les gens d'Israël au nord, que ceux de Juda au sud, tous étaient exaspérés d'entendre tous ces prophètes et ne les écoutaient plus. Dieu dit à Isaïe :

– Jusqu'à ce qu'arrive le malheur, le peuple n'écoutera pas et ne comprendra pas. Il refusera d'être sauvé.

Mais Dieu aimait son peuple, il voulait le punir, mais pas l'abandonner. Aussi mettait-il dans la bouche des prophètes également des messages de pardon, d'espérance et de justice.

– M'aimer, c'est aussi aimer les autres et surtout les plus pauvres. Faites régner l'amour et la justice autour de vous, leur rappelait Amos.

– Celui qui suivra les chemins du Seigneur recevra une force nouvelle et sera pour toujours à l'abri du malheur, annonçait Isaïe.

– Dieu aime son peuple comme un père qui chérit le plus rebelle de ses fils, comme un mari qui pardonne à son épouse infidèle, ajoutait Osée.

Mais le peuple de Dieu resta sourd à toutes ces paroles et ce qui devait arriver arriva.

L'exil à Babylone

Durant des centaines d'années, de puissants ennemis attaquèrent de toutes parts. Les Assyriens prirent Samarie, la capitale du royaume d'Israël au nord. Ils chassèrent la plupart des habitants de leur pays et s'y installèrent à leur place. Leurs descendants s'appellent les Samaritains.

Ensuite, Nabuchodonosor, le roi de Babylone, envahit le royaume de Juda avec ses soldats. Ils pillèrent et incendièrent la ville de Jérusalem. Le temple de Salomon fut entièrement détruit. Il força une grande partie des Juifs – c'est comme cela qu'on appelait les habitants du royaume de Juda – à émigrer à Babylone.

L'exil des Juifs à Babylone dura plus de cinquante ans. Ils travaillaient durement et regrettaient amèrement leur pays, Jérusalem, et surtout leur temple. Ils chantaient des chansons tristes, ils pleuraient et priaient Dieu. Ils lui demandaient de leur rendre son amour et de les ramener chez eux. Ils rêvaient de reconstruire le temple de Jérusalem et de pouvoir y prier à nouveau.

Quand Cyrus, roi des Perses, conquit Babylone, leur rêve se réalisa. En effet, il permit aux Juifs exilés de rentrer chez eux. Quelle joie de retrouver Jérusalem après cinquante ans d'exil !

– Dieu ne nous oublie pas, chantaient-ils, il tient ses promesses !

Cyrus les aida même à reconstruire leur temple.

Après les Perses, l'empereur grec Alexandre le Grand conquit le pays des Juifs. Un de ses successeurs, Antiochus, voulut les obliger à adorer les dieux grecs. Il les persécuta. Pour se donner le courage de résister, les Juifs se racontaient alors l'histoire de Daniel.

Le songe du roi de Babylone

Cette histoire se passe pendant l'exil des Juifs à Babylone. Nabuchodonosor, le roi des Babyloniens, fit un jour un rêve étrange. Seul Daniel, un Juif intelligent et sage, fut capable d'aider le roi à comprendre. Quand les soldats l'emmenèrent au palais, voici ce qu'il dit au roi :

– Dans ton sommeil, tu as vu une immense statue. Elle était tout en or, en argent et en bronze, mais ses pieds étaient en terre. Tout à coup, une grosse pierre vint heurter les pieds fragiles de la statue. Elle s'écrasa au sol, tous les métaux précieux furent réduits en poussière que le vent emporta. La pierre, elle, devint une grande montagne qui recouvrit toute la terre.

La statue en or

Daniel ajouta :

– Et maintenant, voici l'interprétation de ton rêve. La tête d'or, c'est toi. Les autres métaux, ce sont les empires qui viendront après toi. Quant à la pierre, elle représente le royaume de Dieu : il est le plus grand et le plus fort, il durera toujours.

Après ce rêve, le roi fit construire une énorme statue en or.

– Ceux qui refuseront de se prosterner devant la statue seront jetés dans un grand feu, proclama-t-il à la foule.

Or, dans la foule se trouvaient Shadrak, Méshak et Abed-Négo, les amis de Daniel. Ils refusèrent de s'agenouiller devant le faux dieu. On en fit part au roi. Nabuchodonosor se mit en colère. Il les fit venir et les menaça de les jeter dans la fournaise. Les trois amis répliquèrent calmement :

– Notre Dieu peut nous délivrer du feu ardent. Même s'il ne le fait pas, nous n'adorerons jamais tes faux dieux.

La fournaise

Alors, le roi, furieux, ordonna :

– Qu'on les jette tous les trois dans le feu !

Quelques instants plus tard, on les entendit chanter au milieu des flammes. Nabuchodonosor, stupéfait, se précipita à l'entrée de la fournaise. Il vit les trois hommes, indemnes, marcher dans le feu. À leurs côtés se tenait un quatrième homme qui ressemblait à un ange. Le roi les fit sortir et chacun put constater que le feu ne leur avait causé aucune brûlure. Pas un de leurs cheveux n'était roussi ! Ils ne sentaient même pas la fumée ! Alors, le roi déclara :

– Béni soit le Dieu de ces hommes. Aucun dieu n'aurait été capable de sauver ses serviteurs comme le leur l'a fait.

Et il ordonna à son peuple de respecter le Dieu des Juifs.

Daniel dans la fosse aux lions

Plus tard, la Perse envahit Babylone. Le nouveau roi Darius succéda à Nabuchodonosor.
Il appréciait beaucoup les qualités de Daniel et le nomma gouverneur de Babylone. Cela rendit les autres notables très jaloux. Ils complotèrent si bien contre Daniel que celui-ci fut condamné à mort. Darius eut beaucoup de peine, car c'était son ami. Et on jeta Daniel dans la fosse aux lions pour qu'ils le dévorent.

– J'espère que le Dieu que tu pries avec tant de ferveur te sauvera, lui cria Darius quand on referma la fosse.

Darius ne ferma pas l'œil de la nuit. Le lendemain matin, il se précipita à la fosse. Quelle ne fut pas sa joie en constatant que Dieu avait bel et bien sauvé son ami. Daniel ressortit sans une égratignure ! Darius fit jeter dans la fosse ceux qui l'avaient accusé. Les lions n'en firent qu'une bouchée ! Alors, Darius proclama :

– Priez et adorez le Dieu de Daniel. C'est un dieu qui sauve et accomplit des merveilles. Son règne sera sans fin !

Jonas et la baleine

Les Juifs aimaient bien se raconter également l'aventure qui arriva un jour à Jonas.

Au temps des Perses, Ninive était une très, très grande ville, mais les gens y étaient très, très méchants. Un jour, Dieu ordonna à Jonas :

– Jonas, va trouver les gens de Ninive et mets-les en garde : leur méchanceté me déçoit terriblement.

Mais Jonas n'avait pas du tout envie de se rendre à Ninive. Il refusa la mission que Dieu lui confiait et il tenta de fuir pour lui échapper. Il s'embarqua sur un bateau qui partait très loin. Dieu décida alors de donner une bonne leçon à Jonas. Il fit se lever le vent et la tempête sur la mer. Les marins prirent peur et se demandèrent s'il n'y avait pas quelqu'un à bord qui leur portait malheur. Jonas leur avoua :

– C'est sûrement de ma faute, car j'ai désobéi à Dieu. Jetez-moi par-dessus bord !

C'est ce qu'ils firent et, aussitôt, la tempête se calma. Mais Jonas s'enfonçait dans l'eau de plus en plus... Allait-il se noyer ? Non, Dieu ne voulait pas une chose pareille ! Il envoya une baleine au secours de Jonas. La baleine l'avala tout rond. Dans le ventre de la baleine, Jonas eut peur, très peur et pria beaucoup :

– Mon Dieu, je ferai ce que tu voudras, mais, je t'en prie, permets-moi de sortir vivant d'ici.

Au bout de trois jours et de trois nuits, Dieu ordonna à la baleine de rejeter Jonas sur la plage. Cette fois, Jonas partit en toute hâte pour Ninive. Il parcourut la ville dans tous les sens pendant trois jours en criant :

– Si vous ne changez pas, dans quarante jours, votre ville s'écroulera !

Les habitants de Ninive se mirent à réfléchir et ils se dirent :

– Demandons pardon à Dieu pour toutes nos fautes et essayons de devenir meilleurs.

Cela fit très plaisir à Dieu et, au lieu de les punir, il leur pardonna.

Alors, Jonas, qui avait décidément mauvais caractère, le prit mal, très mal. Il s'adressa à Dieu :

– Ah ! C'est malin ! J'ai l'air de quoi, moi, maintenant ?! Tu me demandes d'aller annoncer sur tous les toits que tu vas envoyer une terrible punition, et puis tu changes d'avis, comme ça ! Et en plus, je le savais. Je savais bien que tu ne punirais personne. C'est d'ailleurs pour cela que je ne voulais pas venir à Ninive. Je sais, moi, que tu es un Dieu bon, patient et plein d'amour.

Quand sa colère fut un peu retombée, Jonas réfléchit et comprit. Il comprit que Dieu avait un cœur grand comme ça. Dieu préfère de loin pardonner que se venger. Et dans son cœur, il y a de la place non seulement pour les Juifs, mais aussi pour tous les autres habitants de la terre, même les plus méchants.

Comme d'autres récits de l'Ancien Testament, l'histoire de Jonas nous fait aussi comprendre que ce que Dieu veut, ce n'est sûrement pas la punition ou le malheur des gens. Non ! Ce qu'il nous demande, c'est de changer notre cœur, de le rendre meilleur, tout prêt à accueillir son message d'amour. C'est ce qu'on appelle se convertir.

L'annonce du prophète Isaïe

Isaïe fut un grand prophète qui vécut il y a très longtemps. Pendant des centaines d'années, les Juifs ont lu et relu ses paroles. Ils se demandaient bien ce qu'elles annonçaient. Voici comment parlait Isaïe :

« Un jour naîtra un nouveau David.
Sur lui reposera l'Esprit de Dieu.
Il ne jugera pas d'après ce que ses yeux verront,
Ni d'après ce que ses oreilles entendront.
Il sera juste avec les faibles et les pauvres.
Il fera régner la justice et la paix,
Le loup habitera avec l'agneau, la panthère avec le chevreau.
Le bébé jouera avec la vipère, l'enfant avec le cobra.
Il ne se fera plus rien de mal ni de mauvais.
Car, comme l'eau remplit la mer,
L'amour de Dieu remplira la terre. »

Qui peut bien être ce nouveau roi annoncé par Isaïe ? Les chrétiens disent que c'est Jésus. Les Juifs, eux, n'ont vu en Jésus qu'un grand prophète et ils attendent toujours que se réalise la promesse d'Isaïe.

Le Nouveau Testament.

Ici s'ouvre le Nouveau Testament. Cette deuxième partie de la Bible parle uniquement de Jésus, le Christ, l'envoyé de Dieu annoncé dans les Écritures. Ce sont les chrétiens, ceux qui suivent le Christ, qui ont ajouté cette partie.

Tout part de la résurrection : « Jésus est ressuscité, il est vivant pour toujours ». Ses disciples proclament partout cette bonne nouvelle. Mais petit à petit, ils vieillissent et disparaissent. Les chrétiens se rendent alors compte de l'importance de garder fidèlement leurs témoignages et leurs enseignements. C'est pourquoi, entre les années 70 et 100, on les met par écrit. C'est la naissance des Évangiles. Ces livrets contiennent le cœur du message de Jésus. Ils se trouvent au début du Nouveau Testament.

On pourrait les comparer à une série de portraits. Quatre exactement, et toujours de la même personne, celle de Jésus. Ne nous imaginons pas en effet que les quatre évangélistes, Matthieu, Luc, Marc et Jean étaient des journalistes qui auraient fait un reportage rigoureux sur une superstar du premier siècle ! Ils n'étaient pas non plus des paparazzis ! Luc et Marc n'ont même jamais rencontré Jésus ! Ces quatre récits sont plutôt comme des tableaux peints par quatre artistes différents. Chacun dessine un visage bien vivant de Jésus, avec sa propre sensibilité.

Si nous avons un ami commun, toi et moi, nous n'emploierons pas les mêmes mots pour le décrire, n'est-ce pas ? Et si je veux faire la connaissance d'un de tes amis que je ne connais pas, je préférerai t'entendre me parler de lui plutôt que de contempler sa photo. J'apprendrai ainsi infiniment plus de choses à son sujet, mais à travers tes yeux. La rencontre de chaque évangéliste et de Jésus est unique, sa relation avec lui est personnelle. Le portrait que chacun fera de son Maître le sera aussi.

En outre, chaque Évangile s'adresse à des communautés différentes, le langage doit s'adapter. Matthieu parle surtout à des Juifs devenus chrétiens. Ceux-là connaissent bien les écrits du Premier Testament, c'est pourquoi il y fait souvent allusion. Marc, l'ami de Pierre et de Paul, a écrit à Rome. Son récit s'adresse à des païens, il attache donc beaucoup d'importance à l'explication des coutumes juives. Luc, lui, était médecin et très cultivé. Il s'adresse principalement aux communautés grecques et s'adapte à leur culture. L'Évangile de Jean est fort différent, son langage est beaucoup plus symbolique. Ces portraits ont été peints bien après que Jésus soit ressuscité, la lumière de cette résurrection les éclaire donc tous les quatre.

Dans les pages qui vont suivre, tu vas découvrir un seul récit, s'inspirant tantôt de l'un, tantôt de l'autre Évangile. Et tu sais quoi ? Toi aussi, tu peux écrire ton propre Évangile ! Non pas sur papier, mais dans ta vie, avec ton cœur. Par tes gestes d'amour, tu peux toi aussi être une « bonne nouvelle » pour les autres. Il « suffit » de ressembler un peu à Jésus...

GALILÉE
Mer Méditerranée
CANA
TIBÉRIADE
NAZARETH
CAPHARNAÜM
BETHSAÏDE
Multiplication des pains et des poissons
Mer de Galilée
ou
Lac de Tibériade
ou
Lac de Jénézareth
CÉSARÉE
SAMARIE
Jourdain
EPHRAÏM
EMMAÜS
JÉRICHO
JÉRUSALEM
BÉTHANIE
BETHLÉEM
Mer Morte
JUDÉE
La tentation dans le désert

L'annonce à Marie

C'était il y a bientôt deux mille ans. Un jour, Dieu envoya son ange Gabriel à Nazareth, en Galilée. Il était chargé d'un message important pour Marie. Marie était une jeune fille toute simple, fiancée à Joseph, le charpentier du village. Gabriel entra chez elle et lui dit :

– Réjouis-toi, Marie ! Le Seigneur est avec toi. Tu es bénie entre toutes les femmes.

Marie eut peur et ne comprit pas ce que ces paroles voulaient dire. L'ange continua :

– N'aie pas peur, Marie ! Dieu t'aime et il t'a choisie. Tu vas avoir un enfant, un fils. Tu l'appelleras Jésus. Il sera roi et son règne sera sans fin.

Marie fut stupéfaite :

– Comment cela sera-t-il possible ? Je ne suis pas encore mariée !

Gabriel lui répondit :

– L'Esprit-Saint viendra sur toi. Pour Dieu, rien n'est impossible. Ton enfant sera appelé Fils de Dieu.

À ces mots, Marie tomba à genoux devant l'ange et lui dit :

– Je suis la servante du Seigneur, qu'il m'arrive ce que Dieu veut !

Alors, l'ange la quitta.

L'annonce à Joseph

Au début, Joseph ne comprit pas ce qui arrivait à Marie. Il pensa même la quitter. Mais un ange de Dieu lui apparut dans un rêve et lui expliqua :

– Marie ne t'est pas infidèle, Joseph. L'enfant qu'elle porte est l'œuvre de l'Esprit-Saint. Elle a reçu une grande mission, mettre au monde le Fils de Dieu. Tu lui donneras le nom de Jésus. Il sauvera les hommes.

Alors, Joseph comprit qu'il avait lui aussi un rôle à jouer dans le projet de Dieu :

« Dieu me confie cet enfant, pensa-t-il. Que cela va être passionnant d'apprendre à Dieu son métier d'homme ! Je dois partager cette mission avec ma bien-aimée. »

Et il épousa Marie.

L'arrivée à Bethléem

À cette époque, Rome gouvernait une grande partie du monde et les soldats romains occupaient le pays de Marie et de Joseph. César Auguste, l'empereur romain, un jour décida :

– Je veux que l'on compte tous les habitants de mon empire ! Que chaque homme retourne dans la ville de ses ancêtres et y inscrive sa famille.

Joseph se mit donc en route pour Bethléem, en Judée. C'est la ville de David et Joseph était un de ses lointains descendants. Le voyage à pied dura plusieurs jours. Que de monde à Bethléem, ce soir-là ! Marie était bien fatiguée. Joseph chercha partout un logement, mais toutes les auberges étaient pleines.

– Il y a un peu de place dans cette étable, installons-nous ici pour la nuit ! dit Joseph.

Et c'est cette nuit-là que Marie mit au monde son fils. Elle l'enveloppa de langes et le coucha dans la paille de la mangeoire.

La visite des bergers

Soudain, l'étable fut envahie de bergers et de moutons. D'habitude, ils passent la nuit dans les collines à garder leurs troupeaux. Ce sont des pauvres, ils vivent loin de la ville. L'un d'entre eux expliqua à Marie et à Joseph la chose étonnante qui leur était arrivée :

– Nous discutions tranquillement autour du feu, près de nos moutons. Tout à coup, une lumière éblouissante a envahi le ciel. Un ange nous est apparu, nous avons eu très peur, mais il nous a rassurés : « Allez à Bethléem, vous trouverez, dans la mangeoire d'une étable, un nouveau-né. C'est le sauveur de tous les hommes qui vient de naître ! »

Son ami poursuivit :

– Puis il y eut plein d'anges dans le ciel qui chantaient : « Gloire à Dieu, paix aux hommes, joie du ciel sur la terre ! » Nous, on a couru vers la ville, on a cherché dans tout Bethléem... Et nous voilà !

Ils offrirent des produits de leur élevage et s'agenouillèrent, en admiration devant le nouveau-né.

Marie regardait et écoutait en silence. Elle garda tous ces événements dans son cœur.

L'adoration des mages

Dieu envoya aussi un signe à des mages en Orient. Ces savants observaient le ciel et avaient remarqué une nouvelle étoile. En ce temps-là, on pensait que cela voulait dire qu'un nouveau roi était né. Melchior, Gaspard et Balthazar – c'est le nom qu'on a donné aux mages – étaient curieux de le connaître. Ils se mirent en route et firent le long voyage jusqu'en Judée. L'étoile les guidait et s'arrêta au-dessus de l'endroit où se trouvait le nouveau-né. Quand ils virent l'enfant et sa maman, ils tombèrent à genoux et l'adorèrent. Ils lui offrirent des cadeaux somptueux : de l'or, de la myrrhe et de l'encens.

Le massacre des enfants

À cette époque, le roi désigné par les Romains pour gouverner la Judée, s'appelait Hérode. En chemin, les mages s'étaient arrêtés à Jérusalem pour le saluer.

– Où est le nouveau roi des Juifs ? avaient-ils demandé.

« Un nouveau roi ? pensa Hérode, mais je suis le seul roi ! » Intrigué, il consulta les anciens écrits de la Bible. Il relut ce que le prophète Michée avait annoncé : *«Le plus grand roi d'Israël naîtra à Bethléem.»*

Hérode fut terrifié et furieux à l'idée qu'un rival pourrait prendre sa place. Mais il n'en laissa rien paraître à ses visiteurs. Au contraire, il leur demanda :

– Quand vous l'aurez trouvé, venez me dire où se trouve cet enfant pour que j'aille moi aussi lui rendre hommage.

En fait, il ne pensait qu'à supprimer Jésus. Mais, avertis en songe par Dieu, les mages ne retournèrent pas chez Hérode. Ils repartirent donc dans leur pays par un autre chemin. Cela mit Hérode dans une terrible colère. Il ordonna à ses soldats de tuer tous les enfants de moins de deux ans sur tout son territoire. Ce qui fut fait.

La fuite en Égypte

Heureusement, dès le départ des mages, Dieu avait envoyé un messager pour prévenir Joseph dans son sommeil :

– Lève-toi, prends l'enfant et Marie et pars immédiatement en Égypte. Ne perds pas de temps, les hommes d'Hérode recherchent l'enfant pour le tuer.

Joseph obéit et réveilla Marie. De nuit, ils quittèrent la ville. Ils voyagèrent plusieurs jours à travers le désert et arrivèrent sains et saufs en Égypte où ils demeurèrent. À la mort d'Hérode, l'ange s'adressa à nouveau en songe à Joseph :

– Tes ennemis sont morts. Prends l'enfant et Marie et retourne dans ton pays.

Alors, la famille quitta l'Égypte. Mais Joseph apprit qu'Archélaüs, le fils d'Hérode, avait succédé à son père sur le trône de Judée. Il eut peur et décida d'éviter cette région en allant plus au nord. Ils s'installèrent à Nazareth en Galilée.

Jésus au Temple

Te souviens-tu de l'arche d'Alliance, ce coffre en bois précieux dans lequel le peuple d'Israël gardait les tables de la Loi ? Sinon, retourne voir à la page 64 ! L'Arche est très importante pour les Israélites, car c'est le signe de ce que Dieu a promis : rester toujours avec son peuple. Comme ils étaient nomades au temps de Moïse, ils avaient fabriqué une sorte de temple portable, le Tabernacle, où ils gardaient l'Arche. C'était une grande tente autour de laquelle on venait prier et adorer Dieu. Plus tard, quand le peuple d'Israël se fut installé, le roi Salomon fit construire un vrai temple autour du Tabernacle à Jérusalem. Il fut détruit par les Babyloniens et un second temple le remplaça. Hérode, qui désirait se faire bien voir par les Juifs, agrandit et embellit le Temple. Il devint encore plus beau que celui de Salomon. (Il sera entièrement brûlé par les Romains en 70 après J.-C.)

Le Temple était surtout fréquenté les jours de fête, comme le jour de la Pâque par exemple. La Pâque est une des plus grandes fêtes que les Juifs célèbrent encore de nos jours en souvenir de leur sortie d'Égypte.

Chaque année, Joseph et Marie allaient célébrer la Pâque au Temple de Jérusalem. Quand Jésus eut douze ans, il les accompagna. La fête terminée, ils prirent la route du retour avec leurs voisins et amis. Ils marchèrent une journée avant de se rendre compte que Jésus n'était pas avec eux. Fous d'inquiétude, ils retournèrent en ville et le cherchèrent partout.

Au bout de trois jours, ils le trouvèrent enfin au Temple. Jésus était là, assis au milieu des maîtres et des savants. Il les écoutait et posait des questions. Les maîtres s'étonnaient :

– Quelle intelligence et quelle sagesse pour un enfant de cet âge !

Marie, très surprise, lui dit :

– Mon enfant, pourquoi nous as-tu fait cela ? Nous étions très inquiets, ton père et moi. Nous t'avons cherché partout !

– Pourquoi m'avez-vous cherché ? répondit Jésus. Ne saviez-vous pas que je devais être dans la maison de mon Père ?

Lorsqu'il parlait de son père, c'est à Dieu qu'il pensait et non à Joseph. Mais ses parents ne comprirent pas. Alors, Jésus quitta le Temple et rentra avec eux à Nazareth. Là, Jésus continua à grandir et à apprendre beaucoup. Dieu l'aimait et tous ceux qui le connaissaient l'aimaient aussi. Quant à Marie, elle gardait tous ces événements dans son cœur.

Le baptême de Jésus

Plus tard, l'empereur Tibère succéda à César Auguste à Rome et nomma Ponce Pilate gouverneur romain de Judée. À cette époque, les gens étaient très religieux : ils allaient régulièrement au Temple prier et offrir des sacrifices. Mais une fois sortis du Temple, ils oubliaient bien souvent les lois du Seigneur et ne vivaient pas comme Dieu l'avait demandé.

Alors, Dieu envoya un dernier prophète, Jean Baptiste.

Pour se consacrer entièrement à la prière et mieux se laisser éclairer par Dieu, Jean Baptiste vivait dans le désert. Il se nourrissait de sauterelles et de miel sauvage.

La foule venait nombreuse pour l'écouter prêcher. Il disait aux gens :

– Bousculez vos habitudes ! Changez de vie ! Partagez avec les pauvres, soyez honnêtes et respectez les autres. Préparez vos cœurs à la venue du Messie !

Et, comme pour les laver de leurs fautes, il les plongeait dans l'eau du Jourdain. Ils en ressortaient purifiés, prêts pour une nouvelle vie.

Vers l'âge de trente ans, Jésus vint aussi se faire baptiser par Jean. Au moment où il sortit de l'eau, le ciel s'ouvrit et l'Esprit de Dieu descendit sur Jésus sous la forme d'une colombe. Une voix venant du ciel dit :

– Tu es mon Fils bien-aimé. En toi j'ai mis tout mon amour.

Jésus tenté au désert

Te souviens-tu du grand voyage des fils d'Israël dans le désert ? Conduits par Moïse, ils y restèrent quarante ans. Ils eurent faim et soif ; plus d'une fois, ils crurent que Dieu les avait abandonnés. Plus d'une fois aussi, ils se laissèrent aller à adorer de faux dieux. Jésus va également passer un long moment au désert. Là, il va connaître les mêmes doutes, découragements et tentations que le peuple d'Israël.

Pour réfléchir et se préparer à annoncer la parole de Dieu, Jésus se retira dans le désert. Pendant quarante jours, il pria beaucoup et ne mangea rien. Quand il eut vraiment faim, le diable saisit l'occasion pour mettre Jésus à l'épreuve :

– Si tu es vraiment le Fils de Dieu, change donc ces pierres en pain !

Jésus répondit :

– L'homme ne vit pas que de pain, il trouve sa force aussi dans la parole de Dieu.

Le diable essaya autre chose. Il emmena Jésus sur le toit du Temple de Jérusalem :

– Si tu es vraiment le Fils de Dieu, jette-toi en bas, les anges te sauveront !

– Il ne faut pas mettre Dieu à l'épreuve, répondit Jésus.

Le diable fit alors une troisième tentative. Du haut d'une montagne, il montra à Jésus tous les royaumes de la terre et lui dit :

– Si tu m'adores, je ferai de toi le roi de tous ces pays !

Jésus répliqua :

– Le Seigneur a dit à Moïse : « Tu adoreras Dieu et lui seul. » Alors maintenant, va-t'en !

Tout dépité, le diable le laissa.

Alors Jésus, rempli de la force de l'Esprit de Dieu, quitta le désert.

Les premiers disciples

Jésus était prêt à enseigner la parole de Dieu. Il vint s'établir au bord du lac de Tibériade (qu'on appelle aussi mer de Galilée). Jésus habita quelque temps à Capharnaüm sur les rives du lac.

Un jour, au bord de l'eau, il rencontra Simon et son frère André qui jetaient leurs filets. C'étaient des pêcheurs. Jésus leur dit :

– Venez, suivez-moi ! Je ferai de vous des pêcheurs d'hommes.

Sans hésiter, Simon et André abandonnèrent leurs filets et le suivirent. Jacques et Jean, les fils de Zébédée, étaient tout à côté en train de réparer leurs filets de pêche. Jésus les vit et les appela. Aussitôt, ils laissèrent leur père, leur barque et leurs filets, et le suivirent.

La pêche miraculeuse

Jésus commença à prêcher au bord du lac. Les gens venaient de plus en plus nombreux pour l'écouter. Ce jour-là, Jésus était tellement bousculé par la foule qu'il demanda à Simon de le laisser monter dans sa barque. Quel honneur ! Simon éloigna la barque du rivage pour que chacun puisse le voir et l'entendre. Mais Jésus demanda à Simon de jeter ses filets :

– Maître, protesta Simon, surpris, j'ai passé la nuit à pêcher sans prendre un seul poisson ! Mais puisque tu le demandes…

Confiant, il jeta son filet. Ce qui arriva fut à peine croyable : le filet fut tellement rempli de poissons qu'il faillit se déchirer ! Ce fut une pêche vraiment miraculeuse. Voyant cela, Simon tomba aux pieds de Jésus :

– Ne crains rien, Simon, lui dit Jésus, et suis-moi. Bientôt, ce ne sont plus des poissons que tu rassembleras, mais des hommes.

Jésus le Galiléen

À partir de cet événement, Simon ne quitta plus Jésus. Simon, André, Jacques et Jean furent ses quatre premiers disciples. Ils quittèrent le lac pour parcourir avec lui toute la Galilée.

Jésus enseignait dans les synagogues, mais aussi ailleurs, là où l'occasion se présentait, au bord du lac, au milieu des champs ou sur une colline. Les gens venaient nombreux, de partout, pour l'écouter parler de Dieu. D'un côté, son message ressemblait à celui des prophètes des Écritures, mais d'un autre côté, tout ce qu'il disait semblait si nouveau, si inattendu.

Il ne repoussait personne ; au contraire, il se tournait toujours vers les plus pauvres, les laissés-pour-compte, les mal-aimés. Les méchantes langues disaient :

– Regardez les gens que fréquente Jésus : des mauvais et des pécheurs !

Jésus leur répliquait :

– Est-ce que le bien portant a besoin du médecin ? Comme le médecin qui guérit les malades, je suis venu aider les pécheurs pour qu'ils changent de vie, et ceux qui n'arrivent pas à faire le bien pour qu'ils deviennent meilleurs.

Les douze apôtres

Ce qu'il venait de dire, il le répéta encore lors de sa rencontre avec Lévi. Lévi, qu'on appelle aussi Matthieu, était publicain. On appelait ainsi les Juifs qui collectaient les impôts pour les Romains. Tout le monde les détestait d'autant plus qu'ils n'étaient pas toujours très honnêtes. Jésus dit à Lévi :

– Viens et suis-moi !

Cela réjouit Lévi et il n'hésita pas à tout quitter pour suivre Jésus.

À cette époque, le nom est important. Il indique souvent la vocation de celui qui le porte.

Ainsi, Jésus s'adressa un jour à Simon :

– Tu es un roc pour les autres. Désormais, tu seras Pierre et sur cette pierre, je bâtirai mon Église.

Il trouvait en effet que Simon avait toutes les qualités pour devenir un chef sur qui les autres pourraient vraiment compter.

Ils étaient nombreux à suivre Jésus. Un soir, comme il le faisait souvent, Jésus s'était retiré dans la montagne pour prier Dieu son Père. Le lendemain, il appela tous ses disciples et en choisit douze pour en faire ses apôtres. À chacun, il donna le pouvoir d'annoncer la parole de Dieu et de guérir les malades.

Il y avait déjà les quatre pêcheurs, Simon-Pierre et son frère André, Jacques dit le Majeur et Jean, les fils de Zébédée, que Jésus surnomma un jour les fils du tonnerre, ainsi que Matthieu, le collecteur d'impôts. Jésus choisit aussi Philippe et Barthélemy, Thomas, un autre Jacques, fils d'Alphée, un autre Simon surnommé le Zélote, Thaddée et Judas Iscariote.

Les noces de Cana

Il y eut un jour une fête de mariage dans le village de Cana. Marie, Jésus et ses apôtres étaient invités au repas de noces. Au cours de la fête, le vin manqua. Marie s'en aperçut et dit discrètement à Jésus :

– Ils n'ont plus de vin.

Elle savait que son fils pouvait accomplir de grandes choses. Alors, confiante, elle se tourna vers les serviteurs et leur dit :

– Faites tout ce qu'il vous dira.

Il y avait dans la maison d'énormes jarres en terre. Jésus dit aux serviteurs :

– Remplissez d'eau ces cruches.

Quand elles furent pleines à ras bord, Jésus ajouta :

– Maintenant, puisez et portez-en au maître de la fête.

Celui-ci goûta : ce n'était plus de l'eau, mais du vin ! Et excellent de surcroît ! Ne sachant d'où venait cette très bonne cuvée, il interpella le marié :

– Tu es bien généreux ! D'habitude, on sert d'abord le bon vin, puis quand les invités ont beaucoup bu, on sert le moins bon. Mais toi, tu as gardé le meilleur pour la fin ! Vive le marié !

Par ce signe, le premier, Jésus commença à révéler qui il était et ses disciples crurent en lui.

Non, Jésus n'est pas un supermagicien, pas du tout ! Il accomplit des miracles non pour le spectacle, ni pour montrer sa puissance, mais bien pour donner des signes qu'il est envoyé par Dieu. C'est comme une invitation à croire en lui. Ces miracles, ces signes ont aussi souvent un message caché. À chacun de les décoder ! Et si on décodait le signe du vin ? L'eau n'a pas de goût, mais le vin, c'est une boisson fruitée, agréable, qui rend joyeux ! De plus, le vin nouveau que l'on sert à la noce est bien meilleur que le précédent. Jésus veut nous dire ceci :

– Ce bon vin, c'est le signe de l'Alliance nouvelle. Je vous propose quelque chose de neuf et d'infiniment plus beau que dans le Premier Testament.

Et dans le récit, c'est aussi un peu comme si Jésus te disait :

– Toi aussi, comme les serviteurs de la noce, tu peux me faire confiance et faire « tout ce que je te dirai ». Tu verras alors, comme tes journées se transformeront en fête et tes peines en joie. Et, comme les invités de Cana, cette joie, tu pourras la partager avec tous !

Le sermon sur la montagne

Notre Père qui es aux cieux,
que ton Nom soit sanctifié,
que ton Règne vienne,
que ta volonté soit faite
sur la terre comme au ciel.
Donne-nous aujourd'hui
notre pain de ce jour ;

Pardonne-nous nos offenses,
comme nous pardonnons aussi
à ceux qui nous ont offensés.
Et ne nous soumets pas à la tentation,
mais délivre-nous du Mal.
Amen

Telle est la prière que Jésus a apprise un jour à la foule. Pour que chacun le voie et l'entende, il se tenait au sommet d'une colline. Ce jour-là, il prononça encore d'autres paroles bouleversantes à propos du vrai bonheur :

Heureux les pauvres de cœur : le Royaume des cieux est à eux !
Heureux les doux : ils recevront la terre promise par Dieu !
Heureux ceux qui pleurent : ils seront consolés !
Heureux ceux qui ont faim et soif de justice : ils seront rassasiés !
Heureux ceux qui pardonnent : Dieu agira de même avec eux !
Heureux les cœurs purs : ils verront Dieu !
Heureux les artisans de paix : ils seront appelés enfants de Dieu !
Heureux ceux qui sont maltraités parce qu'ils font ce que Dieu demande : le Royaume des Cieux est à eux !

Jésus guérit les malades

Un jour, à Capharnaüm, on présenta à Jésus un homme paralysé. Il y avait tellement de monde dans la maison où Jésus prêchait que ses amis durent le faire descendre sur un brancard par une ouverture pratiquée dans le toit. Voyant la détermination de ces hommes et la foi du paralysé, Jésus lui dit :

– Mon fils, tes péchés sont pardonnés.

Or, il y avait dans la foule des scribes – c'est ainsi qu'on appelait alors les experts de la Bible, les spécialistes de la religion. Et aussi des pharisiens, ceux-là qui appliquaient la loi de Moïse au pied de la lettre et qui se croyaient de bons pratiquants. Ils furent offusqués.

– Pour qui te prends-tu ? Seul Dieu a le pouvoir de pardonner les péchés !

Jésus leur demanda :

– Est-il plus facile de dire : « Tes péchés sont pardonnés » ou : « Lève-toi et marche» ?

Pour qu'ils sachent qu'il a le pouvoir de pardonner les péchés, il se tourna alors vers le paralysé et lui dit :

– Lève-toi, prends ta civière et rentre chez toi !

L'homme se leva et partit. Ce fut la stupeur générale ! Tous se mirent à louer Dieu.

Un peu plus tard, Jaïre, le chef de la synagogue, accourut et supplia Jésus :

– Viens vite chez moi, ma fille est très malade, elle va mourir, toi seul peux la sauver !

Jésus se hâta de le suivre, mais il fut retardé par la foule. Il arriva enfin, mais la jeune fille venait de mourir. Jésus dit à Jaïre :

– Sois sans crainte, crois seulement et elle sera sauvée.

Il prit avec lui Pierre, Jacques et Jean et entra dans la maison.

Il s'assit au chevet de l'enfant, lui prit doucement la main et lui dit :

– Mon enfant, réveille-toi !

Et elle se leva à l'instant même.

La parabole de la semence

Jésus aimait parler en paraboles : il racontait des histoires toutes simples pour faire comprendre à ceux qui l'écoutaient des choses importantes ou difficiles à saisir.

Un jour, au bord du lac, la foule était nombreuse et se pressait autour de lui. Jésus monta dans une barque et s'éloigna un peu du rivage. Il s'y assit et de là, il leur raconta cette histoire :

– Un homme sortit semer. Comme il ensemençait son champ, des graines tombèrent sur le chemin qui le bordait. Des oiseaux vinrent et les mangèrent. D'autres graines tombèrent dans des endroits pleins de pierres. La terre y était peu profonde, ces graines germèrent très vite, mais ne firent pas de bonnes racines. Elles furent rapidement brûlées par le soleil. D'autres graines tombèrent dans les ronces qui les étouffèrent. D'autres enfin tombèrent dans la bonne terre et donnèrent de beaux gros épis, prometteurs d'une belle récolte.

Le Royaume de Dieu

Les disciples demandèrent alors :

– Jésus, mais que veut dire cette parabole ?

Jésus leur expliqua :

– Les graines représentent la parole de Dieu et le sol, ceux qui la reçoivent. Ceux qui sont au bord du chemin entendent la parole de Dieu, mais lui ferment leur cœur. C'est comme si le démon venait la leur enlever avant même qu'elle y pénètre. Ceux qui sont dans les pierres accueillent avec joie la parole de Dieu, mais ils ne la laissent pas s'enraciner en eux. Ils y croient quelque temps, mais à la moindre difficulté, il perdent courage. La parole mourra en eux.

Ceux qui sont dans les ronces ont leur vie bien trop encombrée de soucis quotidiens, de plaisirs futiles ou de richesses superficielles. Il n'y a pas de place pour Dieu dans leur cœur.

Enfin, ceux qui reçoivent la semence dans la bonne terre ont un cœur bon et bien disposé pour accueillir la parole de Dieu. Ils l'écoutent, y sont fidèles et font dans leur vie ce que Dieu demande. De leur cœur sortiront d'excellentes choses et ils seront source de bonheur pour les autres.

Par cette histoire, Jésus essaie de nous faire comprendre ce qu'est ce Royaume de Dieu dont il parle si souvent. Ne nous imaginons pas que c'est un pays, un territoire lointain, gouverné par un roi ! C'est un monde nouveau où Jésus nous attend, un monde tellement plus beau, tellement meilleur. Ce Royaume commence déjà sur la terre quand tu ouvres ton cœur à la parole de Dieu et que tu essaies de faire sa volonté. Il grandit chaque fois que tu serres très fort dans tes bras la petite sœur qui est triste ou l'ami avec qui tu viens de te chamailler, chaque fois que tu sèmes l'amour et la paix autour de toi. Jésus l'appelle parfois aussi Royaume des Cieux (page 127) ou Vie Éternelle (page 142). Certains parleront du Ciel ou du Paradis. Au matin de Pâques, par la résurrection, Jésus l'a définitivement inauguré.

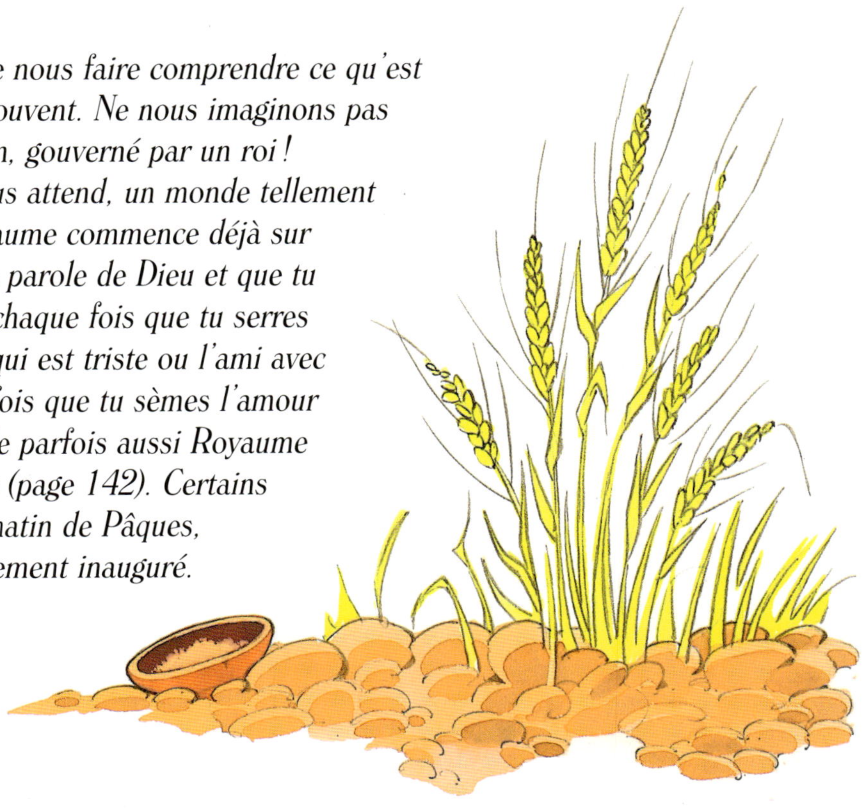

Jésus calme la tempête

Jésus se déplaçait souvent en barque avec ses apôtres. Un jour qu'ils traversaient le lac de Tibériade, la tempête se leva. Jésus, fatigué, dormait. Ni les bourrasques de vent ni le fracas des vagues sur la coque de la barque ne le réveillèrent. Ce furent les apôtres épouvantés qui le secouèrent :

– Maître, Maître, nous allons couler !

Réveillé, Jésus se leva et dit :

– Pourquoi tant de frayeur ? N'avez-vous donc pas confiance en moi ?

Et il parla au vent et aux vagues avec autorité :

– Calmez-vous ! Taisez-vous !

Immédiatement, l'orage se calma et les eaux s'apaisèrent. Les apôtres furent étonnés et saisis de crainte :

« Qui est donc cet homme pour que même le vent et la mer lui obéissent ? »

Jésus et les enfants

Un jour, sur le chemin de Capharnaüm, les disciples se mirent à se chamailler : ils voulaient savoir qui, parmi eux, était le plus grand. Arrivés à destination, Jésus les questionna :

– Tiens, de quoi discutiez-vous en chemin ?

Les disciples baissèrent les yeux et se turent. Ils avaient honte de leurs propos. Quelques enfants jouaient dans une cour. Jésus les appela, en prit un sur ses genoux et dit :

– En vérité je vous le dis, celui qui se fera petit et humble comme cet enfant sera le plus grand dans le Royaume des Cieux. Que celui qui veut être le premier soit le dernier et se mette au service des autres.

Jésus aimait beaucoup les enfants ; on lui en amenait souvent pour qu'il les bénisse. Un jour, les disciples rabrouèrent de jeunes mamans, croyant qu'elles lui faisaient perdre son temps. Mais Jésus protesta :

– Laissez les enfants venir à moi. Ne les repoussez pas, car le Royaume des Cieux appartient à ceux qui leur ressemblent.

La multiplication des pains

On venait d'annoncer à Jésus la mort de Jean-Baptiste, décapité sur ordre d'Hérode. Jésus avait beaucoup de chagrin et voulait s'isoler de la foule de plus en plus nombreuse qui venait l'écouter. Il monta dans une barque avec ses disciples et décida de mettre le cap sur la région désertique au sud de Bethsaïde, de l'autre côté du lac. L'œil expérimenté des pêcheurs eut vite fait de déterminer la destination de la barque :

– Allons tous à pied à Bethsaïde ! crièrent-ils aux autres.

Quand Jésus débarqua, le désert n'en était plus un ! Une foule immense et enthousiaste l'attendait. Jésus fut ému de voir tous ces gens comme un troupeau sans berger. Il les fit s'asseoir et leur parla longuement. Le soir commençait à tomber.

Les disciples dirent à Jésus :

– Il est temps que ces gens rentrent, ils doivent avoir faim.

– Non, donnez-leur à manger vous-mêmes, répondit Jésus.

– Mais cela nous coûterait une fortune !

– Il y a bien là un garçon qui a cinq pains et deux poissons, fit remarquer André, mais à quoi bon pour tant de monde !

– Apportez-les-moi, dit Jésus.

Il prit les pains et les poissons. Levant les yeux au ciel, il les bénit et les donna à ses disciples pour qu'ils les distribuent. Ce soir-là, tout le monde mangea à sa faim. Il y eut même douze corbeilles de restes ; or, ils étaient plus de cinq mille ! Après ce miracle, les gens qui doutaient encore crurent que Jésus était bien le Prophète qui vient de la part de Dieu.

Jésus marche sur les eaux

Après une longue journée passée à enseigner aux foules, Jésus désirait se retirer au calme dans la montagne pour prier. Il dit à ses disciples :

– Rentrez sans moi à Capharnaüm, je vous rejoindrai plus tard.

Ils descendirent vers le lac et montèrent dans leur barque.

Ce soir-là, un vent fort se leva. Jésus vit au loin l'embarcation de ses amis secouée et malmenée par de grosses vagues. Ils s'épuisaient à ramer contre le vent contraire.

Jésus alla vers eux... en marchant sur l'eau ! En le voyant s'approcher dans l'obscurité, les disciples s'effrayèrent :

– Un fantôme ! hurlèrent-ils.

Jésus les rassura :

– Confiance, c'est moi ! N'ayez pas peur !

– Si c'est bien toi, répondit Pierre, ordonne-moi de venir vers toi en marchant sur l'eau aussi.

– Viens ! dit Jésus.

Pierre enjamba le rebord de la barque et fit quelques pas sur la surface du lac. Mais soudain, un coup de vent l'effraya. Il prit peur, perdit confiance et commença à couler.

– Seigneur, sauve-moi ! cria-t-il.

Jésus lui tendit les mains et dit :

– Homme de peu de foi ! Pourquoi as-tu douté ? Pourquoi ne crois-tu pas sincèrement en moi ?

Ils montèrent tous les deux dans la barque et, aussitôt, le vent se calma.

Les disciples s'agenouillèrent devant Jésus et lui dirent :

– Vraiment, tu es le Fils de Dieu.

La Transfiguration

Un jour, Jésus demanda à ses apôtres :

– Pour les gens, qui suis-je ?

Ils répondirent :

– Jean-Baptiste ; pour d'autres, Élie ou un prophète ressuscité.

– Et vous, qui dites-vous que je suis ?

– Tu es le Messie, répondit Pierre.

Il leur recommanda de n'en parler à personne et leur annonça alors :

– Il faut d'abord que le Fils de l'homme soit rejeté et souffre beaucoup, qu'il soit mis à mort et que le troisième jour il ressuscite.

Jésus continuait à enseigner. Mais les gens se disaient parfois :

– Que ses paroles sont dures ! Qui peut les mettre vraiment en pratique ?

La nouveauté et les exigences enseignées par Jésus dérangeaient. Alors, ils n'avaient plus le courage de le suivre et l'abandonnaient. Dans ces moments de découragement, Jésus priait beaucoup. C'est ainsi qu'un jour, il décida de faire une retraite de prière dans la montagne avec Pierre, Jacques et Jean.

Arrivés au sommet, une chose extraordinaire se produisit. Pendant que Jésus priait, son visage devint rayonnant comme le soleil et ses vêtements blancs comme la lumière. Ils virent alors deux hommes qui parlaient avec lui, c'étaient Moïse et Élie ! Les apôtres furent tellement impressionnés qu'ils ne savaient que dire. Pierre finit par réagir :

– Maître, nous sommes bien ici ! Construisons trois tentes, une pour toi, une pour Moïse et une pour Élie.

Une nuée recouvrit alors les disciples et la crainte les saisit. Ils entendirent une voix :

– Celui-ci est mon Fils bien-aimé, écoutez-le !

En descendant de la montagne, Jésus dit :

– Ne dites rien à personne de ce que vous avez vu, il faut d'abord que je ressuscite d'entre les morts.

Ils ne comprirent pas le sens de sa phrase, mais respectèrent la consigne. Pierre, Jacques et Jean avaient retrouvé courage et ils en étaient maintenant sûrs : Jésus est l'envoyé de Dieu.

Le bon Samaritain

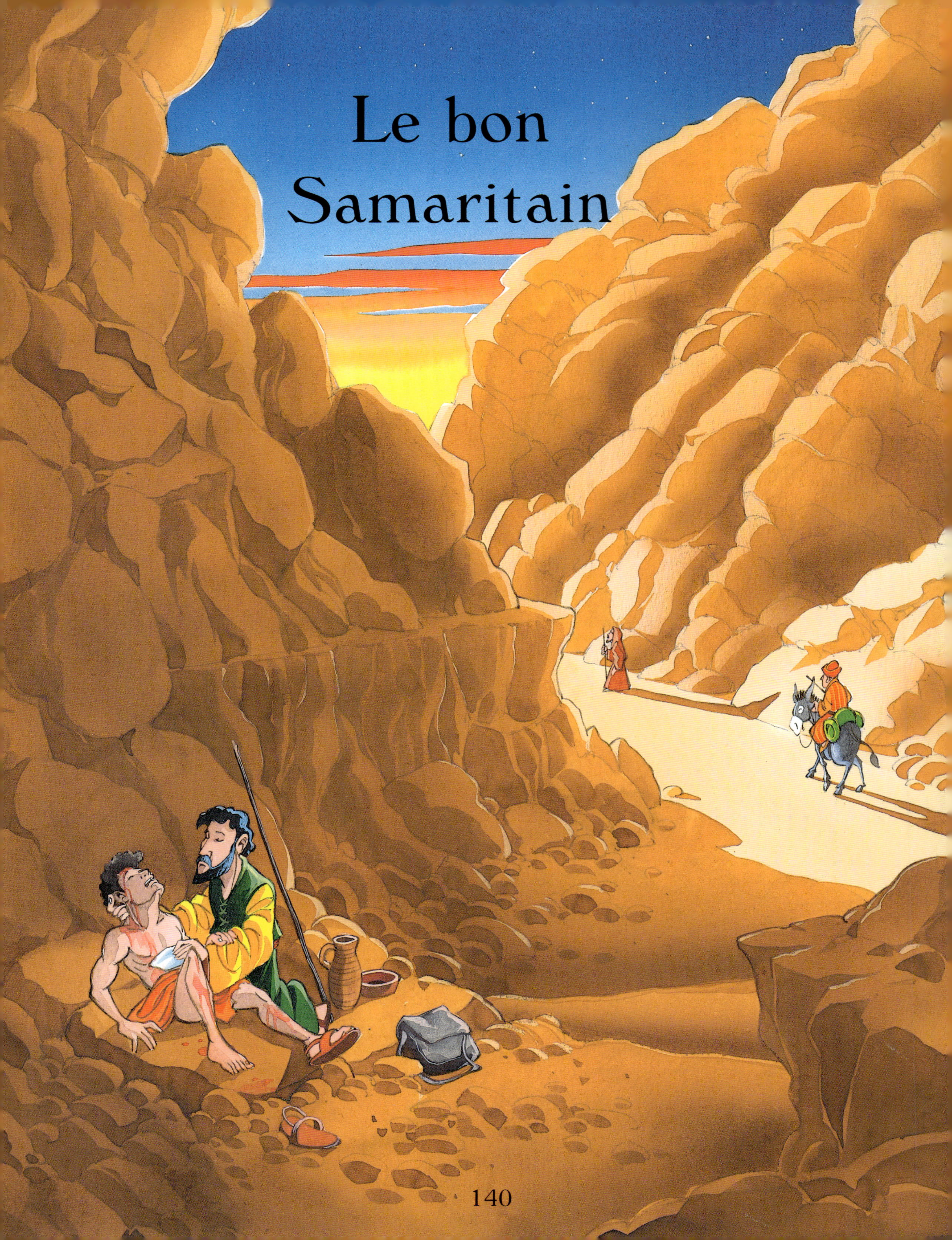

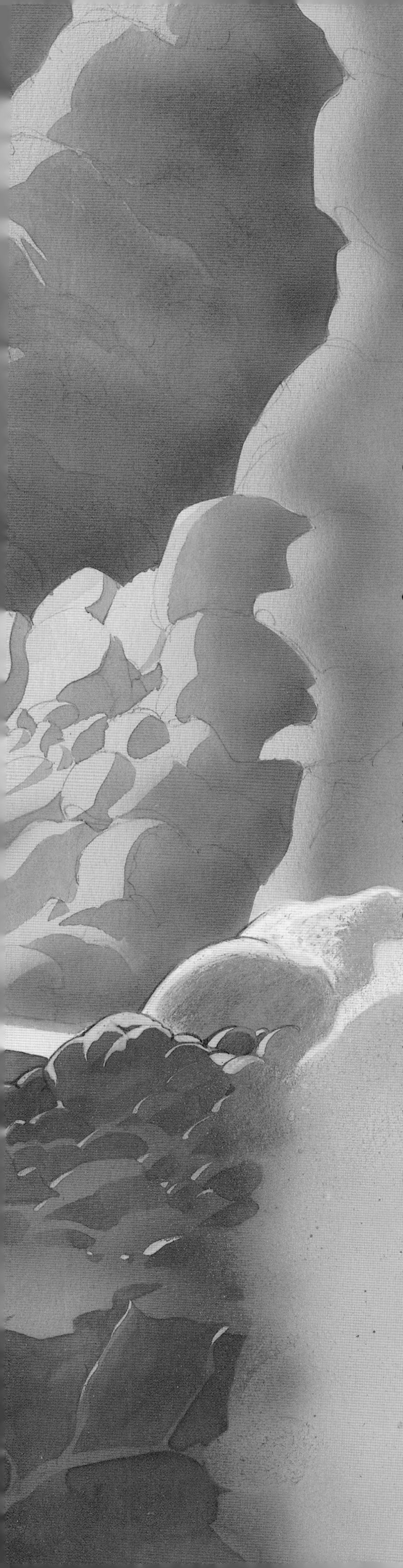

Un jour, un docteur de la loi, grand spécialiste de la Bible, voulut mettre Jésus à l'épreuve. Il lui demanda :

– Pour toi, quel est le plus grand des commandements ?

Jésus répondit :

– Le premier est : « Tu aimeras Dieu de tout ton cœur et de toutes tes forces. » Le second est tout aussi important : « Tu aimeras ton prochain comme toi-même. »

– Et qui est mon prochain ? poursuivit l'homme.

Jésus lui répondit par une parabole :

– Vous connaissez la route entre Jérusalem et Jéricho : elle est peu sûre et infestée de bandits. Un jour, un voyageur se fait attaquer derrière un rocher. Les brigands le rouent de coups, lui volent tout son bien et le laissent à moitié mort au bord du chemin. D'autres voyageurs passent par là. Un prêtre d'abord. Il voit le blessé et traverse la route pour l'éviter. Arrive ensuite un lévite, serviteur du Temple. Va-t-il s'arrêter pour secourir le pauvre homme ? Non, il passe son chemin. Un Samaritain le suit. « Aucune chance que celui-ci interrompe sa route, pensez-vous, puisque les Samaritains et les Juifs sont des ennemis jurés. » Eh bien si ! Le corps meurtri de l'homme lui fait pitié. Il s'arrête, soigne ses plaies et hisse l'homme sur sa monture pour l'emmener à l'auberge la plus proche. Il le veille toute la nuit. Et comme si cela ne suffisait pas, avant de reprendre sa route, il remet de l'argent à l'aubergiste pour qu'il continue à soigner et à nourrir le blessé.

Alors, Jésus demanda :

– Lequel des trois s'est montré le prochain de l'homme attaqué par les bandits ?

L'homme lui répondit :

– Celui qui a eu de la compassion et qui a été bon avec lui !

– Va et, toi aussi, fais la même chose !

Un jeune homme trop riche

Un jeune homme s'approcha de Jésus et tomba à genoux devant lui :

– Maître, que dois-je faire pour obtenir la Vie Éternelle ?

– Tu connais les commandements de notre religion : ne tue pas, ne vole pas, ne mens pas, respecte tes parents, ne prends pas la femme d'un autre et aime ton prochain comme toi-même. Les as-tu observés ?

– Oui, Seigneur, depuis toujours, mais ne puis-je pas faire mieux encore ?

Jésus le regarda et l'aima. Il lui dit :

– Si tu veux être parfait, vends tout ce que tu possèdes, donne l'argent aux pauvres et suis-moi ! Alors, tu seras riche aux yeux de Dieu.

À ces mots, le regard du jeune homme s'assombrit, il se releva lentement et s'en alla tout triste car il possédait de grandes richesses. Il aimait Dieu, mais n'avait pas le courage de se séparer de ses biens. En le regardant s'éloigner, Jésus dit à ses disciples :

– Il est difficile à un chameau de passer par le trou d'une aiguille, mais il est plus difficile encore à un riche d'entrer dans le Royaume de Dieu !

Une brebis retrouvée

Jésus parlait et mangeait avec toutes sortes de gens, même ceux qui ne respectaient pas les lois de la religion. Cela offusquait les gens très religieux, les scribes et les pharisiens qui disaient :

– Regardez comme cet homme fait bon accueil aux pécheurs ! C'est scandaleux !

Alors, un jour, Jésus s'adressa à eux avec cette parabole :

– Si l'un d'entre vous a cent brebis et en perd une, que fait-il ? Ne laisse-t-il pas les quatre-vingt-dix-neuf autres dans le désert pour aller à la recherche de celle qui est perdue ? Et quand il l'a retrouvée, n'est-il pas heureux ? Il en a plus de joie que de tout le troupeau resté en lieu sûr. Ainsi Dieu a-t-il plus de joie pour un homme qui a commis de mauvaises actions et qui demande pardon que pour quatre-vingt-dix-neuf justes qui n'ont pas besoin d'implorer de pardon.

Le fils prodigue

Pour bien faire comprendre ce qu'il venait de dire, Jésus raconta une autre histoire. Un riche fermier avait deux fils. Un jour, le plus jeune dit à son père :

– Père, donne-moi maintenant ma part d'héritage, j'ai envie d'en profiter tout de suite.

Le père partagea alors sa fortune entre ses deux fils. Le plus jeune rassembla ses affaires et partit sans tarder pour un pays lointain.

– Ah, que c'est bon de ne rien faire, de s'amuser toute la journée, de rire et de danser toute la nuit !

À dépenser son argent follement et sans compter – c'est ce qu'on appelle être prodigue –, il n'eut bientôt plus un sou en poche. Une grande famine survint alors dans le pays. Que faire ? Il chercha à gagner un peu d'argent en gardant des cochons. Il avait tellement faim qu'il en vint à envier leur nourriture ! Au comble du désespoir et de la misère, honteux de sa conduite, il finit par se dire :

– Les ouvriers de mon père ont du pain tous les jours et moi, son fils, je meurs de faim. Je vais retourner à la maison et demander pardon à mon père. Qu'il me reprenne au moins comme l'un de ses serviteurs.

Son père, qui tous les jours espérait son retour, fut transporté de joie quand il l'aperçut au loin. Il courut à sa rencontre et le serra très fort dans ses bras.

– Père, j'ai péché contre le ciel et envers toi, je ne mérite plus d'être ton fils...

Son père l'interrompit et ordonna à ses serviteurs :

– Vite, apportez les plus beaux vêtements pour mon fils. Tuez le plus beau veau et faisons une grande fête pour son retour.

Quand le fils aîné rentra des champs, sa colère éclata :

– Père, voilà tant d'années que je suis à ton service. Je t'ai toujours obéi et tu ne m'as jamais donné ne fût-ce qu'un chevreau pour festoyer avec mes amis. Et pour ton fils qui a dépensé tout ton bien en faisant les pires bêtises, tu tues le veau gras !

Le père répondit :

– Toi, tu es toujours avec moi, tout ce qui est à moi est à toi. Mais il faut se réjouir du retour de ton frère. Loin de nous, il était comme mort, mais maintenant qu'il est là, c'est comme s'il était revenu à la vie.

Cette belle histoire, c'est celle de l'amour infini de Dieu. Dieu aime tellement les hommes ! Il t'aime tellement ! Il est prêt à te pardonner tes erreurs quand tu reconnais tes torts et que tu ouvres ton cœur à son amour. Dieu aime les pécheurs et leur fait la fête quand ils reviennent. Ne sommes-nous pas trop souvent comme le fils aîné ? Très obéissants, tels des pharisiens, mais incapables de pardonner et d'accueillir l'autre ? Dur, dur, ce que Jésus nous demande, pas vrai ? Dur, dur d'aimer comme Dieu nous aime ! Mais si beau...

Zachée, le collecteur d'impôts

Te souviens-tu de Lévi, celui qui est devenu l'apôtre Matthieu ? Il était publicain. Eh bien, Zachée aussi est un publicain. C'est ainsi qu'on appelait les collecteurs d'impôts. Zachée était même un de leurs chefs ; il était très riche. Trop riche, pensaient certains.

Il devait certainement tricher, garder de l'argent pour lui et ne pas tout donner aux Romains. Ou, pire encore, il serait de mèche avec eux… Pas très honnêtes, ces publicains ! On les méprisait et on les traitait volontiers de pécheurs. Te souviens-tu aussi de Jonas et du message de Dieu aux gens de Ninive : « Changez votre cœur» ? Un regard, une parole de Jésus et Zachée va comprendre ce message, il va oser changer de vie.

Jéricho était une jolie petite ville, plantée de palmiers et de sycomores qui procuraient de l'ombre aux voyageurs. La nouvelle se répandit que Jésus, en route pour Jérusalem, allait passer par là. La foule se massait au bord de la route qu'il devait emprunter.

– Le voilà, le voilà !

Zachée, le publicain, tenait absolument à le voir. Il courait dans tous les sens. Il était de petite taille et personne ne s'écartait pour lui – vous pensez, un pécheur ! Alors, ni une ni deux, il se hissa dans les branches d'un arbre.

Arrivé à sa hauteur, Jésus s'arrêta, leva les yeux et dit :

– Zachée, descends vite ! Il faut que j'aille chez toi aujourd'hui.

Zachée n'en crut pas ses oreilles. Vite, il descendit de son arbre et, tout joyeux, accueillit Jésus. Il entendit murmurer dans son dos :

– Voilà qu'il va loger chez un pécheur, maintenant !

Arrivé chez lui, Zachée promit à Jésus :

– Écoute, Seigneur, je vais donner la moitié de mes biens aux pauvres. Et si j'ai volé quelqu'un, je lui rendrai quatre fois plus.

Jésus lui dit alors :

– Aujourd'hui, le pardon est entré dans cette maison.

Aux murmures de la foule, il répondit :

– Zachée lui aussi est un fils d'Abraham. Le Fils de l'homme est venu chercher et sauver ce qui était perdu.

Jésus rend la vie à Lazare

Jésus avait de très bons amis à Béthanie : Lazare et ses deux sœurs, Marthe et Marie. On vint un jour annoncer à Jésus qui se trouvait loin de là que Lazare était très malade. Il se mit en route, mais quand il arriva à Béthanie, après un long voyage, Lazare était au tombeau depuis quatre jours déjà. Marthe et Marie étaient accablées de douleur.

– Jésus, si tu avais été là, notre frère ne serait pas mort, lui dit Marthe. Mais maintenant encore, je sais que tout ce que tu demanderas à Dieu, il te l'accordera.

– Ton frère ressuscitera, lui dit Jésus. Je suis la Résurrection et la Vie. Celui qui croit en moi ne mourra jamais. Le crois-tu ?

– Je le crois, Seigneur, tu es le Christ, le Fils de Dieu.

Les deux femmes pleuraient. Jésus était très ému et pleura aussi. Il fit enlever la pierre qui fermait le tombeau creusé dans le rocher et il pria :

– Père, je te remercie. Tu exauces toujours ma prière pour que la foule croie que tu m'as envoyé.

Puis, d'une voix forte, il appela : « Lazare, sors ! »

Et le mort sortit. Beaucoup de ceux qui étaient là crurent en Jésus. Certains se trompaient en pensant :

– S'il est capable de ressusciter un mort, il pourra sûrement nous délivrer des Romains.

Les grands prêtres, quant à eux, avaient peur que son succès ne provoque des troubles et ils décidèrent :

– Cet homme qui se prend pour Dieu doit mourir !

L'entrée à Jérusalem

Quand ils furent presque arrivés à Jérusalem, Jésus et ses disciples s'arrêtèrent un instant pour contempler la ville du haut du mont des Oliviers. Jésus demanda :

– Allez me chercher un jeune âne dans ce village, là-bas.

Deux disciples y allèrent et ramenèrent un ânon que personne n'avait encore monté. Ils déposèrent leurs manteaux sur son dos en guise de selle. Jésus prit place et commença à descendre vers Jérusalem. Beaucoup de gens l'accompagnaient. La foule grossissait et l'enthousiasme grandissait à mesure que Jésus approchait de la ville. Les gens étendaient leurs manteaux ou déposaient des branchages sous les pas de l'âne, comme pour lui faire un tapis d'honneur. D'autres agitaient des feuilles de palmier et des rameaux en chantant :

– Hosanna ! Béni soit celui qui vient au nom du Seigneur !

D'autres encore scandaient joyeusement les paroles du prophète Zacharie :

– Jérusalem, voici ton roi qui s'avance vers toi monté sur un âne !

Tous ces honneurs ne plurent pas aux pharisiens.

C'est en souvenir de cette entrée triomphale à Jérusalem que les chrétiens célèbrent le dimanche des Rameaux, une semaine avant Pâques.

Jésus purifie le Temple

À peine arrivé à Jérusalem, Jésus se rendit au Temple. Le parvis était transformé en un véritable marché. Cela fâcha très fort Jésus : ce n'était plus un lieu de prière. Il se mit à renverser les tables des changeurs d'argent et les cages des marchands de colombes. Il les chassa en disant :

– Ôtez tout cela d'ici et ne faites pas de la maison de mon Père une maison de commerce !

Les prêtres accourus, furieux, lui demandèrent :

– De quel droit agis-tu de la sorte ? Quel signe nous donneras-tu pour te justifier ?

Jésus répondit :

– Détruisez ce Temple et en trois jours, je le rebâtirai.

Les prêtres crurent qu'il se moquait d'eux. Or, il annonçait sa résurrection au troisième jour. Pour les scribes et les grands prêtres, c'en était trop. Il fallait absolument qu'ils trouvent un moyen de se débarrasser de Jésus.

Jésus guérit aveugles et boiteux

Alors, aveugles et boiteux s'avancèrent vers Jésus sur les marches du Temple, et il les guérit. La guérison d'un aveugle de naissance fit beaucoup de bruit. Les pharisiens discutèrent longuement de son cas. Ils refusaient d'admettre ce miracle. Mais, finalement, n'était-ce pas eux, les vrais aveugles ? Leur méchanceté ne les empêchait-elle pas de voir clair ? Ils se disaient :

– Cet homme fait des choses étonnantes, tout le monde l'admire ; il devient gênant. Son succès ne va-t-il pas menacer notre autorité ?

La femme adultère

Pour essayer de faire arrêter et condamner Jésus, les scribes et les pharisiens lui tendirent un piège. Ils lui amenèrent une femme et lui dirent :

– Maître, cette femme a été surprise en train de coucher avec un autre homme que son mari. Dans la loi de Moïse, il est dit que ces femmes doivent être tuées à coups de pierres. Et toi, qu'en penses-tu ?

Jésus se baissa et se mit à tracer du doigt des traits sur le sol. Comme ils insistaient, il se redressa et leur dit :

– Que celui qui n'a jamais péché lui jette la première pierre !

Puis il se baissa à nouveau et se remit à dessiner sur le sable. Après avoir entendu sa réponse, les gens partirent, les uns après les autres, à commencer par les plus âgés. Jésus se retrouva seul avec la femme. Il lui demanda :

– Où sont-ils donc ? Personne ne t'a condamnée ?

– Personne, Seigneur.

– Moi non plus, je ne te condamne pas : va et ne pèche plus.

Une femme adultère (c'est ainsi qu'on appelle une femme qui trompe son mari) ne doit-elle pas être punie par la loi ? Jésus, lui, approuverait-il sa conduite ?

Non, pas plus qu'il n'approuvait celle de Zachée ou du fils prodigue. Mais au lieu de la condamner, il préfère qu'elle change son cœur et sa façon de vivre.

La trahison de Judas

Les scribes et les anciens étaient tous réunis dans la maison de Caïphe, le grand prêtre.

– Quelle ruse allons-nous trouver pour arrêter Jésus et le faire mourir ? se demandaient-ils.

Comme on était à deux jours de la fête de la Pâque, l'un d'eux dit, prudent :

– N'agissons pas en pleine fête, cela pourrait entraîner des émeutes.

À ce moment arriva Judas Iscariote, l'un des douze apôtres. Les chefs religieux se réjouirent quand ils l'entendirent :

– Que me donnerez-vous si je vous aide à arrêter Jésus ?

– Trente pièces d'argent, s'empressa de répondre Caïphe, trop content de l'aubaine.

À partir de cet instant, Judas ne quitta plus Jésus, guettant la meilleure occasion pour le livrer, à l'écart de la foule.

La préparation de la Pâque

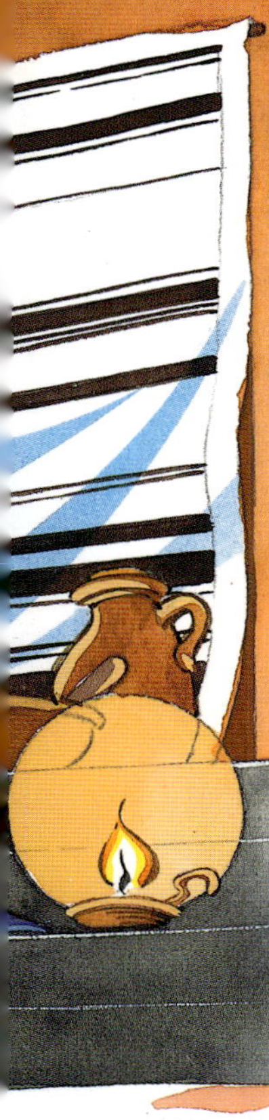

Jésus avait envoyé Pierre et Jean préparer la Pâque dans une maison de Jérusalem. Le soir, tout le petit groupe s'y retrouva. Jésus monta avec ses douze apôtres dans la pièce où avait lieu le repas. Avant de passer à table, Jésus ôta son manteau. Il prit un linge et un bassin qu'il remplit d'eau. Il s'agenouilla devant chacun des apôtres, leur lava et leur sécha les pieds. La coutume voulait que l'on retire la poussière de ses pieds en entrant dans une maison, mais c'était au dernier des serviteurs que revenait cette tâche, pas à l'invité d'honneur !

Quand le tour de Pierre arriva, il ne put s'empêcher de s'exclamer :

– Toi, Seigneur, me laver les pieds ! Non !

Jésus répondit :

– Si je ne te lave pas les pieds, tu ne peux pas être avec moi.

– Alors, Seigneur, ne me lave pas seulement les pieds, mais aussi les mains et la tête, dit Pierre.

Ensuite, Jésus s'assit à la table et expliqua :

– Vous m'appelez « Maître » et « Seigneur » et vous avez raison, car je le suis. Si moi, le Maître et Seigneur, je vous ai lavé les pieds, vous aussi, vous devez vous les laver les uns aux autres. C'est un exemple que je vous ai donné : ce que j'ai fait pour vous, faites-le vous aussi. Soyez humbles : le serviteur n'est pas plus grand que son maître.

Le dernier repas

La Pâque était une vraie fête pour les Juifs. L'ambiance de ce repas aurait dû être à la joie, mais tous sentaient que l'heure était grave. Jésus prit la parole :

– J'ai tellement désiré manger cette Pâque avec vous avant de souffrir.

Ensuite, il prit du pain, rendit grâce au Père, puis le bénit, le rompit et le donna à ses disciples en disant :

– Prenez et mangez-en tous, ceci est mon corps qui est livré pour vous.

À la fin du repas, il prit une coupe de vin. En remerciant Dieu, il la bénit et la présenta à ses disciples en disant :

– Prenez et buvez-en tous, c'est la coupe de mon sang qui sera versé pour vous et pour l'ensemble des hommes, afin que les péchés soient pardonnés. C'est le sang de la nouvelle Alliance.

Et il ajouta :

– Vous referez ces gestes en mémoire de moi.

Pendant qu'ils mangeaient, Jésus dit encore :

– L'un de vous me trahira...

Pleins de tristesse et d'émotion, les disciples demandèrent :

– Serait-ce moi, Seigneur ?

Jésus ne dit rien. Judas à son tour interrogea :

– Est-ce moi, Seigneur ?

Jésus lui répondit :

– Tu l'as dit !

Ce dernier repas est un souper, ce qui se dit « cena » en latin. C'est pourquoi on l'appelle aussi la « dernière cène ». Depuis lors, les chrétiens célèbrent à la messe le « repas du Seigneur » ou « l'action de grâce », ce qui se dit « eucharistie » en grec. Ils se rappellent le sacrifice de Jésus crucifié et ressuscité ; ils partagent le pain consacré. Ils communient. C'est le signe de la nouvelle Alliance, basée sur le pardon et l'amour. Un amour tellement fort que Jésus donne sa vie pour sauver les hommes du péché.

Au jardin des Oliviers

Après le repas, Jésus et ses disciples se rendirent au mont des Oliviers, à la sortie de Jérusalem. Il y avait là un jardin appelé Gethsémani où ils aimaient se rendre pour se reposer. En chemin, chacun sentait que quelque chose d'important allait se produire. Pierre, toujours enthousiaste et généreux, prit la parole :

– Jésus, nous ne t'abandonnerons pas ! Je te suivrais jusqu'en prison !

Jésus secoua la tête :

– Pierre, je te le dis, cette nuit même, avant que le coq chante, tu m'auras renié trois fois.

Arrivé au jardin de l'oliveraie, Jésus demanda à Pierre, Jacques et Jean :

– Mon cœur est triste à en mourir, venez avec moi et veillez pendant que je prie.

Il s'éloigna un peu, s'agenouilla et pria Dieu son Père :

– Père, j'ai peur de mourir, épargne-moi ces souffrances.

Il pria encore :

– Père, j'ai confiance en toi, que ta volonté soit faite.

Il était tard, le sommeil s'empara des apôtres. Par deux fois, Jésus les réveilla :

– Ainsi, vous n'avez pas eu la force de veiller une seule heure avec moi !

La troisième fois, il leur dit avec amertume :

– Continuez à dormir, reposez-vous ! Il n'y a plus rien à faire, l'heure est venue.

Il avait effectivement entendu le bruit des pas et les voix des soldats qui gravissaient la colline. Judas était avec eux. Il avait dit aux gardes :

– Celui que j'embrasserai, c'est lui. Arrêtez-le !

Judas s'avança vers Jésus et lui donna un baiser. Jésus lui dit :

– C'est par un baiser que tu me trahis, Judas !

Les trois mensonges de Pierre

À la vue des soldats en armes, les disciples abandonnèrent Jésus et s'enfuirent dans la nuit. Les gardes l'arrêtèrent et l'emmenèrent chez le grand prêtre. Pierre les suivit discrètement de loin et se glissa dans la cour du palais. Il faisait bon au coin du feu qu'avaient allumé les serviteurs.

– Je te reconnais, toi, l'interpella une servante, tu es un ami de ce Jésus qu'on vient d'arrêter !

– Non, non, bredouilla Pierre, je ne le connais même pas.

– Mais si, intervint une autre, je suis sûre de t'avoir vu avec Jésus.

– Vous vous trompez, répondit Pierre.

Un garde aussi le reconnut et Pierre nia à nouveau. À ce moment, un coq chanta. Pierre se souvint alors de ce qu'avait dit Jésus. Il eut honte. Il sortit en courant et pleura amèrement.

Jésus face au grand prêtre

Les gardes avaient emmené Jésus chez Caïphe, le grand prêtre. Celui-ci réunit le conseil des anciens et des scribes qu'on appelait le Sanhédrin. C'est par ce tribunal bien décidé à le condamner que Jésus fut interrogé. Ni les réponses calmes de Jésus, ni les récits contradictoires des témoins n'apportèrent de preuves suffisantes pour une condamnation.

« Comment va-t-on bien pouvoir le coincer ? » se demandait Caïphe, de plus en plus nerveux.

Soudain, il lui demanda :

– Es-tu le Fils de Dieu ?

– Je le suis, répondit Jésus.

– Avez-vous entendu ce blasphème ? cria Caïphe. Que mérite un homme qui insulte ainsi Dieu ?

Tous répondirent :

– Il mérite la mort !

– Qu'on emmène le condamné ! conclut Caïphe, soulagé.

Maintenant, tout était permis : les gardes se moquèrent de Jésus, lui crachèrent au visage, lui donnèrent des coups et le giflèrent.

Jésus devant Pilate

Souviens-toi que le pays de Jésus avait été envahi par les Romains. L'empereur Tibère y avait donc envoyé, de Rome, un gouverneur : Ponce Pilate. Si les Juifs étaient autorisés à pratiquer leur religion, seuls les Romains avaient le droit d'exécuter des condamnés à mort.

À l'aube, Jésus fut conduit chez Ponce Pilate, le gouverneur romain. Les chefs religieux qui l'accompagnaient dirent à Pilate :

– Cet homme est un malfaiteur, il incite le peuple à se révolter contre les Romains. Et en plus, il se proclame roi des Juifs ! Il mérite la mort !

Pilate fit entrer Jésus dans son palais et l'interrogea. Il ne trouva rien de criminel en Jésus pour le faire condamner à mort. Il en fit part aux grands prêtres et aux curieux de plus en plus nombreux qui se massaient devant son palais. Il leur dit :

– À Pâques, la coutume veut que je libère un prisonnier. Voulez-vous que je relâche Barabas ou le roi des Juifs ?

Or, Barabas était un grand bandit. Pilate était sûr que la foule choisirait Jésus. Quelle ne fut pas sa stupeur de l'entendre crier :

– Barabas, Barabas, libère-nous Barabas !

– Que ferai-je alors de Jésus ? dit Pilate.

– Crucifie-le ! Crucifie-le !

Pilate leur rétorqua :

– Voulez-vous vraiment que je fasse mourir votre roi ?

– Notre seul roi, c'est l'empereur Tibère, répondit la foule.

Pilate était vraiment dans l'embarras. S'il ne condamnait pas un homme qui voulait s'opposer à l'empereur, il passerait pour un traître à Rome et il pourrait dire adieu à son poste de gouverneur ! En plus, l'émeute grondait sous ses fenêtres.

« Décidément, je ne parviendrai pas à sauver cet homme », pensa-t-il lâchement.

Pilate, finalement, donna l'ordre de mettre Jésus en croix. Publiquement, il se lava les mains. Il voulait montrer ainsi qu'il ne prenait pas la responsabilité de la mort de Jésus.

La couronne d'épines

Les gardes de Pilate emmenèrent Jésus dans la cour du palais. Ils ameutèrent d'autres soldats et, sans pitié, se moquèrent de lui. Ils lui mirent une couronne sur la tête, mais c'était une couronne d'épines. Ils lui donnèrent un sceptre qui n'était qu'un roseau. Ils le revêtirent d'un manteau pourpre, comme celui des rois. Alors, ils se prosternèrent devant lui et, dans un rire moqueur, s'esclaffèrent :

– Salut, roi des Juifs !

Ensuite, ils lui remirent sa tunique et le firent sortir pour le crucifier.

Jésus porte sa croix

Jésus porta sa croix jusqu'à un lieu appelé Golgotha, une petite colline à la sortie de Jérusalem. Il était tellement affaibli par tous les mauvais traitements subis, qu'il trébucha et tomba plusieurs fois. Les soldats romains qui l'escortaient avaient bien du mal à contenir la foule déchaînée.
Mais dans cette foule, il y avait aussi ses amis, désespérés, et des femmes. Parmi elles se trouvait Marie, sa mère. Comme le spectacle de son fils souffrant de la sorte a dû torturer son cœur de maman ! Marie, la mère de Jacques et Jean, et Marie Madeleine, une amie fidèle de Jésus, l'accompagnaient.

La coutume voulait que l'on indique sur la croix le motif de la condamnation. Pilate fit donc faire un écriteau.
Il y était écrit en trois langues (hébreu, latin et grec) :
« *Jésus le Nazaréen, roi des Juifs.* »

INRI

Jésus meurt sur la croix

Les soldats clouèrent Jésus sur la croix et la dressèrent sur la colline. Jésus pria :

– Père, pardonne-leur, ils ne savent pas ce qu'ils font.

On crucifia avec lui deux bandits. Les bourreaux se partagèrent ses vêtements et tirèrent au sort sa tunique. Les curieux qui passaient par là l'insultaient à souhait :

– Si tu es vraiment le Fils de Dieu, descends donc de la croix !

Vers midi, le ciel s'obscurcit. Jésus devait souffrir atrocement. Il respirait de plus en plus mal. Sa mère était là, silencieuse au pied de la croix. Jean l'accompagnait. Vers trois heures, le ciel devint vraiment très noir. Jésus cria :

– *Eli, Eli, lama sabaqthani ?* Ce qui veut dire : « Mon Dieu, mon Dieu, pourquoi m'as-tu abandonné ? »

La terre se mit à trembler et le rideau du Temple se déchira en deux. Jésus poussa un grand cri :

– Père, entre tes mains, je remets mon esprit.

Au même instant, il rendit l'âme. Le centurion qui montait la garde fut saisi de terreur :

– Vraiment, cet homme est bien le Fils de Dieu !

C'est à Joseph d'Arimathie, un disciple de Jésus, que Pilate donna l'autorisation d'enlever le corps. Nicodème, un autre disciple l'aida à l'embaumer. Ils enveloppèrent Jésus dans un linge et le déposèrent dans un tombeau tout neuf, creusé au milieu d'un jardin non loin de là. Ils roulèrent une grosse pierre pour fermer la tombe.

Jésus est ressuscité

Le surlendemain, dimanche, Marie Madeleine arriva tout essoufflée chez Pierre et Jean :

– Je reviens du tombeau, il est vide ! On a enlevé le Seigneur !

Les deux disciples, incrédules, coururent vers la tombe.

Celle-ci était bel et bien vide ! Mais ce n'était pas un enlèvement : le linceul était là, bien rangé. Ils étaient perplexes. Jean, le premier, crut que le Seigneur était ressuscité, Marie Madeleine, restée seule, pleura longuement. Derrière elle, quelqu'un, sans doute le jardinier, demanda :

– Femme, pourquoi pleures-tu ?

– Si c'est toi qui as enlevé le corps de Jésus, dit-elle, je t'en prie, dis-moi où tu l'as mis !

– Marie ! répondit l'homme.

Marie Madeleine sursauta. Qui pouvait bien l'appeler par son nom ? Elle se retourna : ce n'était pas le jardinier, mais Jésus ! Elle lui répondit, remplie de tendresse et de joie :

– *Rabbouni !* (C'est un mot affectueux pour dire « Maître »)

– Va trouver mes frères, dit Jésus, et dis-leur que je monte vers mon Père qui est aussi votre Père.

Elle courut annoncer cette nouvelle extraordinaire aux disciples.

Chaque année, le jour de Pâques, c'est aussi dans la joie que les chrétiens d'aujourd'hui célèbrent la résurrection de Jésus.

Sur le chemin d'Emmaüs

Deux disciples faisaient route vers Emmaüs, un petit village à deux heures de marche de Jérusalem. Ils discutaient des événements dramatiques qui avaient eu lieu ces derniers jours. Jésus les rejoignit et marcha avec eux. Ils ne le reconnurent pas. Jésus leur demanda :

– Pourquoi êtes-vous si tristes ?

Cléophas, l'un des amis, s'étonna :

– Tu es bien le seul qui ne sache pas ce qui s'est passé à Jérusalem !

– Quoi donc ? demanda le voyageur.

– Vraiment, tu ne sais pas ce qui est arrivé à Jésus de Nazareth ? C'était un grand prophète, mais il est mort il y a trois jours.

Jésus leur dit alors :

– Comme votre cœur est lent à croire tout ce qu'ont raconté les prophètes ! Ne comprenez-vous pas qu'il fallait que le Christ endure toutes ces souffrances pour entrer dans sa gloire ?

Les deux hommes étaient impressionnés. Ils l'écoutèrent encore leur expliquer ce qu'avaient dit Moïse et les autres prophètes au sujet du Messie. Arrivés à destination, Jésus fit mine d'aller plus loin, mais les deux amis le prièrent :

– Le soir tombe, reste donc avec nous et partage notre repas.

Une fois à table, Jésus prit le pain, le rompit et le leur donna. Alors, leurs yeux s'ouvrirent et ils le reconnurent. Mais à cet instant, il disparut de leur vue. Ils se dirent :

– Ne ressentions-nous pas quelque chose de merveilleux quand il marchait à nos côtés et qu'il nous commentait les textes de la Bible ?

Ils s'empressèrent alors de retourner à Jérusalem pour aller annoncer la bonne nouvelle aux apôtres.

Jésus apparaît à ses disciples

Après l'arrestation de Jésus, Judas eut beaucoup de remords et alla se pendre. Les onze apôtres, eux, avaient très peur qu'on ne vienne aussi les arrêter pour leur faire du mal. Ils se tenaient enfermés à double tour dans leur maison. Et soudain, alors que portes et fenêtres étaient soigneusement verrouillées, Jésus se trouva au milieu d'eux.

– La paix soit avec vous, dit-il tout naturellement.

Les apôtres étaient partagés entre la joie et l'effroi. Ne s'agissait-il pas d'un fantôme ? Jésus leur dit sur un ton qu'on devine amusé :

– Touchez-moi ! Je suis bien de chair et d'os ! Regardez les blessures des clous sur mes mains et mes pieds !

Revenus de leur frayeur, ils lui offrirent à manger.

Jésus apparut une autre fois à Pierre et à quelques autres disciples.

– Pierre, m'aimes-tu ? demanda-t-il.

– Seigneur, répondit Pierre, tu sais bien que je t'aime !

Jésus fit dire trois fois à Pierre qu'il l'aimait. C'était sa façon à lui de lui pardonner ses trois mensonges.
C'est ce jour-là que Jésus dit à Pierre :

– Sois le berger de mes brebis.

On peut dire que Pierre fut le premier pape.

Jésus rejoint son Père

Pendant quarante jours, Jésus ressuscité apparut à ses disciples. Il les entraîna un jour sur le mont des Oliviers. Là, il s'adressa à eux :

– Allez ! Enseignez toutes les nations ! De tous les peuples, faites des disciples ! Baptisez-les au nom du Père, du Fils et du Saint-Esprit ! Apprenez-leur à garder tous les commandements que je vous ai enseignés.

Il ajouta :

– Je vais vous envoyer le don de l'Esprit-Saint et moi, je serai avec vous jusqu'à la fin des temps.

Et il les bénit. Bouleversés, les apôtres le voient alors s'élever dans le ciel.

Il disparut dans une nuée. Ils ne le revirent plus jamais. Mais il resta pour toujours dans leur cœur.

Jésus est aussi présent dans le cœur de chaque chrétien. Il demande à chacun de prendre le relais et de continuer à répandre dans le monde le message de l'Évangile. L'Ascension de Jésus (c'est ainsi que l'on appelle sa montée au ciel) est fêtée par les chrétiens quarante jours après Pâques.

La Pentecôte

Parmi les fidèles disciples de Jésus, les onze apôtres choisirent Matthias pour remplacer Judas. Ils étaient donc à nouveau douze (comme les douze tribus d'Israël) lorsqu'une chose extraordinaire leur arriva.

À Jérusalem, c'était la fête des moissons, encore appelée Pentecôte, car elle avait lieu cinquante jours après la Pâque (*pentecostè* signifie cinquantième en grec). Les Douze étaient réunis pour prier. Soudain, un violent coup de vent secoua la maison. Les portes claquèrent. Ils virent comme des langues de feu se poser sur chacun d'eux. Les apôtres sentirent alors monter en eux une incroyable force. Ils se précipitèrent au-dehors.

Les rues de Jérusalem grouillaient de monde, de nombreux étrangers étaient venus de loin pour la célébration de la Pentecôte. Il y avait des Égyptiens, des Arabes, des Romains, des Crétois, des Libyens, des Mésopotamiens et bien d'autres. C'est à eux que les apôtres s'adressèrent. Les gens s'étonnaient :

– Ces hommes ne sont-ils pas tous de Galilée ? Comment chacun d'entre nous peut-il les comprendre dans sa propre langue ? Qu'est-ce que cela signifie ? Ils ont trop bu, sans aucun doute !

Alors, Pierre s'adressa à tous :

– Nous ne sommes pas soûls ! Aujourd'hui se réalise la promesse de Jésus : « Je vous enverrai mon Esprit. »

Et il poursuivit :

– Vous avez fait crucifier Jésus par les Romains, mais Dieu l'a ressuscité. Nous en sommes les témoins.

Tous ceux qui écoutaient furent bouleversés par les paroles de Pierre. Ils demandèrent :

– Que devons-nous faire ?

– Changez votre cœur et demandez le baptême au nom de Jésus Christ, vous recevrez vous aussi la force de l'Esprit Saint.

Ce jour-là, environ trois mille personnes se joignirent à eux et furent baptisées.

Ce récit ne te rappelle-t-il rien ? Ne devines-tu pas pourquoi on dit parfois que la Pentecôte est l'anti-Babel (retourne voir aux pages 22 et 23) ? La Pentecôte est le signe de l'unité réalisée par le Christ.

Par le baptême, les chrétiens reçoivent eux aussi la force de l'Esprit Saint qui les aidera à être de vrais témoins de Jésus dans le monde.

Mais qu'est-ce que c'est que cet Esprit Saint ? te demandes-tu. Dans la Bible, on le représente, tantôt sous la forme d'une colombe (comme au baptême de Jésus), tantôt il est vent ou feu comme dans ce récit. Comme le vent, l'esprit de Dieu, on ne le voit pas, mais il fait faire des choses extraordinaires. N'est-ce pas le vent qui fait tourner le moulin, qui fait avancer le bateau, qui fait monter ton cerf-volant très haut dans le ciel ? Ne t'es-tu jamais demandé ce qui te donne la force d'aller implorer le pardon quand tu as fait une grosse bêtise ? Qu'est-ce qui te pousse à aller embrasser l'ami avec lequel tu viens de te disputer ? Qui t'aide à trouver les mots gentils pour un ami découragé ?

L'Esprit de Dieu, c'est aussi le feu, car il est l'amour qui enflamme.

Les premiers chrétiens

On croit parfois que le Nouveau Testament se limite aux quatre Évangiles. Eh bien, ce n'est pas le cas ! Il se poursuit par les Actes des Apôtres rédigés par Luc. Vient ensuite un recueil de lettres qu'on appelle les Épîtres. Les disciples de Jésus (comme Paul, Jacques, Pierre, Jean et Jude) se mirent en effet à écrire des lettres, pour donner des conseils et encourager les communautés de chrétiens qui voyaient le jour un peu partout dans le monde. Ils écrivirent en Grèce aux Corinthiens, en Italie aux Romains, en Turquie aux Galates, en Asie Mineure aux Éphésiens et aux Colossiens, en Macédoine aux Philippiens et aux Thessaloniciens, etc. Le Nouveau Testament se termine par l'Apocalypse rédigée par Jean.

Ces textes nous font découvrir la vie des premiers chrétiens, leur joie, leur foi ardente, mais aussi toutes les difficultés auxquelles ils ont dû faire face.

C'était il y a deux mille ans... Ces quelques poignées d'hommes et de femmes qui se rassemblaient au nom de Jésus ont donné naissance au plus grand, au plus incroyable réseau de fraternité, d'espérance, de foi et de prière : l'Église chrétienne. Nous sommes aujourd'hui plus d'un milliard et demi de chrétiens dans le monde entier !

Ils étaient trois mille à avoir rejoint les Douze lors de la Pentecôte. Après, le nombre des disciples ne cessa de grandir. Ils vivaient simplement, en frères et sœurs, et mettaient tous leurs biens en commun. Ils priaient beaucoup et rompaient le pain en mémoire de Jésus. Ils suivaient fidèlement l'enseignement de celui qui, par sa mort sur la croix et sa résurrection, donna une nouvelle vie aux hommes. La croix devint vite un symbole important pour les premiers chrétiens. Mais leur signe de ralliement plus secret était le poisson. Les lettres du mot poisson en grec *(ichthus)* sont les premières lettres de « Jésus-Christ, Fils de Dieu, Sauveur ».

Pour se reconnaître entre eux sans se faire remarquer par leurs ennemis, ils dessinaient un poisson du bout d'un doigt dans la paume de leur main, ou avec un bâton dans le sable.

Des ennemis ? Bien sûr qu'ils en avaient ! Tous ces rassemblements au nom de Jésus n'étaient pas pour plaire aux Juifs qui l'avaient crucifié, ni aux Romains. Ils se mirent à les poursuivre et à les persécuter, parfois jusqu'à la mort. Ce fut le cas pour Étienne qui mourut lapidé. Il fut ainsi le premier martyr chrétien.

Parmi les Juifs, Saul, qu'on appelle aussi Paul, se montra particulièrement acharné contre ces nouveaux chrétiens. Le grand prêtre le chargea d'une mission :

– Rends-toi à Damas et arrêtes-y tous les disciples de Jésus !

Mais, sur le chemin de Damas, une aventure étonnante lui arriva. Il fut ébloui par une grande lumière qui le rendit aveugle et il tomba à terre. Il entendit alors cette voix :

– Saul, pourquoi me persécutes-tu ?

Il resta aveugle pendant trois jours. Quand il recouvra la vue, il se fit baptiser et devint un fervent disciple du Christ. Tellement enthousiaste qu'il se mit à parcourir le monde entier pour annoncer partout la Bonne Nouvelle de Jésus. Il créa de nouvelles communautés de chrétiens dans de nombreuses villes : en Turquie, en Grèce, en Crète et même à Rome. Il revenait parfois les voir ou leur écrivait pour les encourager ou les conseiller.

Mais lui non plus ne fut pas épargné par la haine ni les mauvais traitements des Juifs et des Romains. À plusieurs reprises, il fut fouetté et battu. On le lapida même, sans parvenir à le tuer. Mais sa foi et sa volonté de vouloir faire connaître, à tout prix, Jésus au monde entier étaient plus fortes que tout et l'aidèrent à traverser ces épreuves. C'est grâce à Paul et aux apôtres qui, eux aussi, sont allés de pays en pays, que la Bonne Nouvelle de Jésus est arrivée jusqu'à nous, deux mille ans plus tard.

Mais finalement, quelle est-elle, cette Bonne Nouvelle répandue avec tant de ferveur par tous les chrétiens du monde entier ? Un seul mot pourrait suffire à la résumer : Amour !

« Sans l'amour, je ne suis rien », écrit Paul.

« Aimez-vous les uns les autres comme votre Père du ciel vous aime », nous a dit Jésus.

« C'est tout ? Ah, ben c'est tout simple ! », te diras-tu. Mais si tu réfléchis un tout petit peu, tu ajouteras peut-être : « Quand je vois toutes les guerres à la télévision, la violence dans mon quartier ou dans la cour de récréation, quand je pense aux paroles blessantes qui sortent si souvent de ma bouche ou à toute la haine qui peut être contenue dans un seul regard, quand je pense à tout cela, je me dis, Seigneur, qu'on a encore du pain sur la planche ! »

POUR EN SAVOIR PLUS...

Caïn et Abel (p.15): Adam et Eve ont choisi librement de désobéir, une faille est apparue dans la relation des hommes avec Dieu. Le mal s'y engouffre et envahit le monde. C'est ce que vont raconter les histoires suivantes de la Genèse (Noé, Babel). Mais tout le reste de la Bible va nous montrer les efforts incessants de Dieu pour ramener les hommes dans le droit chemin (Abraham, Moïse, David, les Prophètes... et Jésus.) Pourquoi Dieu refuse-t-il l'offrande de Caïn? Le coeur de Caïn est plein de soupçon, de jalousie, de haine. C'est sans doute cela qui ne fait pas plaisir à Dieu.

Mont Ararat (p.19): Le mont Ararat se trouve dans la Turquie actuelle.

Babel (p.22): Pourquoi Dieu embrouille-t-il le langage des hommes? Se sent-il menacé? A-t-il peur que les hommes accèdent à sa puissance? Veut-il "diviser pour mieux régner"? Les hommes de Babel croient que s'ils sont tous les mêmes, tout est possible. C'est ce rêve impossible et trompeur que Dieu veut casser. Il restaure la variété des langues et accentue ainsi les différences. Chaque être est unique aux yeux de Dieu et la différence est source de richesse.

Abraham (p.24): Dieu changea son nom Abram (= père exalté) en Abraham (= le père d'une multitude de nations) pour montrer qu'il lui confie une mission. De même, il changea le nom de Saraï (= ma Princesse) en Sara (= Princesse) lorsqu'il lui apprendra qu'elle attend un enfant.

Statue de sel (p.29): la mer Morte, près de Sodome et Gomorrhe, est si salée qu'elle ne contient ni poissons ni algues (d'où son nom!). Aux endroits où l'eau s'évapore le plus se forment de véritables colonnes de sel. Elles ont dû inspirer le conteur biblique!

Ismaël (p.30): Ismaël serait, selon la tradition, le père du peuple arabe.

Sacrifice d'Isaac (p.32): A cette époque les sacrifices humains n'étaient pas rares. Ce récit nous fait comprendre que Dieu demande notre confiance et qu'il rejette tout sacrifice humain.

Hébreux / Israélites (p.49): Les Hébreux sont les descendants d'Abraham. Quand Dieu changea le nom de Jacob en Israël, on appela ses descendants fils d'Israël ou Israélites. Plus tard, ils se divisèrent. Ceux du nord s'appelèrent les Samaritains et ceux du sud, les Juifs.

"Je Suis" (p.51): En hébreu le nom de Dieu a 4 lettres: YHVH (on l'écrit généralement Yahweh ou Yahvé). Il se traduit par "Je Suis" ou "Je suis celui qui est". C'est un nom sacré. Les lecteurs juifs ne le prononcent pas, mais disent Adonaï qui veut dire le Seigneur.

Les plaies d'Egypte (p.54): Les plaies d'Egypte montrent que c'est Dieu lui-même qui agit pour libérer son peuple. Il est supérieur aux dieux égyptiens: le dieu du Nil est frappé par Moïse, les dieux animaux sont ridiculisés et le dieu soleil lui-même est vaincu!

Pâque (p.55): C'était au départ une fête agricole: celle des semailles et des premiers agneaux. C'est devenu la plus grande fête juive, celle de la libération. Son nom hébreu "Pessah" évoque le passage: passage de l'esclavage à la liberté, de la mort à la vie.

La Manne (p.58): "Man hou?" en hébreu est un jeu de mots. Il désigne à la fois la question posée par les Hébreux mais aussi le nom d'un arbuste du désert. Sa sève blanchâtre et sucrée suinte et se solidifie. Elle se mange alors comme un bonbon.

Prophète (p.65, 88): Le prophète ne prédit pas l'avenir, ce n'est pas un voyant, mais un croyant. Sa vie de prière le rend plus lucide que le reste du peuple. Il peut dès lors interpréter les événements et y lire les appels ou les signes de Dieu. Il aide le peuple à réagir aux situations en restant fidèle à Dieu.
"Pro-phèmi" en grec veut dire "parler au nom de": un prophète est envahi par la présence de Dieu et parle en son nom.

L'huile sainte (p.76, 77): A cette époque, l'huile s'utilise comme produit de soin car elle imprègne bien le corps. Dans le sacre d'un roi, l'huile sainte est le signe de l'Esprit divin qui imprègne l'élu de Dieu.

Le plus jeune, David (p.77): D'habitude, les rois se choisissent parmi les princes ou les grands hommes d'un royaume. Or, dans ce récit, Dieu l'envoie chercher parmi les gardiens du troupeau! C'est aussi, souvent, l'aîné de famille qui devient roi et David, lui, est le plus jeune de huit... Il n'est pas non plus grand et fort. Décidément les choix de Dieu sont surprenants!

Jérusalem (p.83): David choisit Jérusalem et en fit la capitale de son royaume, car la ville était au centre du pays, située sur une colline et donc facile à défendre. Cette ville est devenue le symbole de la foi en un Dieu unique. Ville de David, ville où Jésus est mort et ressuscité, mais aussi lieu saint vénéré par Mahomet. Juifs, musulmans et chrétiens lui sont fortement attachés et se disputent depuis longtemps le privilège de l'occuper. Y feront-ils un jour la paix?

Corbeaux envoyés à Elie (p.88): Le corbeau est, selon la loi juive, un animal impur. En envoyant des corbeaux à Elie, Dieu montre que même le plus humble peut le servir!

Baal (p.69, 88, 89): Ce nom désigne les dieux des Cananéens que les Juifs ont été si souvent tentés d'adorer. Au temps de Jésus, le culte des Baals avait cessé depuis longtemps. Ce nom donna naissance à "Beelzéboul" et à "Belzébuth" pour désigner le démon.

La statue en or (p.94): Les différents métaux de valeur décroissante qui composent la statue (or, argent, bronze et fer) représentent la succession des empires babylonien, mède, perse et grec.

Le signe de Jonas (p.99, 100): Dans l'Evangile, Jésus évoquera "le signe de Jonas" pour annoncer sa résurrection. Les trois jours passés par Jonas dans le ventre du poisson représentent les trois jours qui seront passés par Jésus au tombeau.

Mages (p.108): Les chrétiens se souviennent de la visite des mages lors de la fête de l'Epiphanie (qui veut dire "manifestation" en grec). Dieu se manifeste à tous les hommes, même aux païens.

L'or, l'encens et la myrrhe (p.108): L'or, l'encens et la myrrhe sont des richesses d'Orient, mais ces trois présents sont aussi symboliques. Jésus est roi: on lui offre de l'or. Il est Dieu: on brûle l'encens pour l'honorer. Il est homme, il va donc mourir: la myrrhe servait à préparer le mort avant de l'enterrer.

Lac de Tibériade (p.118): Lac de Génésareth, mer de Tibériade ou de Galilée: ces noms désignent tous la même étendue d'eau.

Disciples et Apôtres (p.118, 121, 122): Un disciple, c'est quelqu'un qui écoute un maître, qui suit son enseignement et qui désire vivre comme lui. Luc dit qu'ils étaient au nombre de 72.
Apôtre désigne un envoyé du Christ, ce sont les douze hommes que Jésus a choisis parmi ses disciples.

Synagogue (p. 121): C'est le lieu où les Juifs se réunissent pour la prière, la lecture des livres saints et pour écouter l'enseignement d'un Rabbi (ou maître). Ces réunions ont lieu le jour du Sabbat, septième jour de la semaine juive (le samedi).

Le Messie et Christ (p.138): Celui que Dieu avait choisi pour être roi d'Israël ou pour remplir une mission importante recevait l'onction d'huile sacrée. C'est pourquoi les rois portaient le titre de "Oint". En hébreu, cela se dit "Messiah", qui a donné le nom "Messie". En grec, on dit "Christos", soit "Christ" en français.

Fils de l'homme (p.138): C'est par cette expression quelque peu énigmatique que Jésus se désignait lui-même. Elle peut vouloir souligner tout simplement sa condition d'homme et donc sa faiblesse et son dénuement. Mais elle rappelle aussi la vision où Daniel voit comme un "Fils d'homme" s'avançant à la rencontre de Dieu, sur les nuées du ciel (Dn 7, 13-14). Cette expression désigne donc aussi la gloire, la souveraineté et la "messianité" de Jésus.

Samaritains (p.141): C'est une population d'origine mélangée (voir p.92), occupant la région située entre la Judée et la Galilée. Depuis le retour d'exil, les Juifs les méprisaient.

Lévite (p.141): C'est celui qui assiste le prêtre au Temple. Ni le prêtre ni le lévite ne s'arrêtent pour porter secours au blessé, car ils le croient mort. Selon la loi juive, tout contact avec un cadavre rend impur.

Le prochain (p.141): Jésus dit: "Le prochain, c'est celui qui est sur ta route et qui a besoin de toi." C'est celui dont la détresse est si grande que tu vas tout faire pour le soulager. L'amour du prochain est au coeur du christianisme. Toute la loi de Dieu peut se résumer par les deux commandements: "Tu aimeras le Seigneur ton Dieu et ton prochain comme toi-même."

Entrée à Jérusalem (p.151): Au temps de Jésus, le cheval était une monture de guerre et l'âne servait pour les travaux des champs en temps de paix. Jésus sur un âne est donc un roi pacifique et humble. Les branches de palmiers étaient symboles de victoire.

Judas (p.156): Pas facile de comprendre le pourquoi de la trahison de Judas. Il était zélote, comme d'autres à l'époque. Les zélotes attendaient un messie qui allait les délivrer de l'emprise romaine. Ils espéraient un chef religieux et politique. Il a cru que Jésus allait soulever les Juifs, prendre leur tête et les appeler à la révolte. Rien de tout cela n'est arrivé. Sans doute est-ce cet espoir déçu qui l'a poussé à le livrer? Ou bien pensait-il jouer un rôle nécessaire aux plans politiques de Jésus?

Gethsémani (p.160): Ce mot hébreu veut dire "pressoir à huile".

Blasphème (p.163): C'est une insulte contre Dieu et qui selon la loi juive méritait la peine de mort. Alors, oser se prétendre le Fils de Dieu, quel scandale!

Golgotha (p.167): On ne crucifie jamais les condamnés à l'intérieur des murs de la ville. Cette colline à la sortie de Jérusalem est "nue comme un crâne", d'où son nom "Golgotha" (crâne). En latin, cela se dit "calvarius" qui est devenu "calvaire".

INRI (p.167): Résume l'inscription latine de la croix: " Iesus Nazarenus Rex Iudaeorum" ce qui signifie "Jésus de Nazareth, roi des Juifs ".

Crucifixion (p.169): C'est une torture horrible, qui pouvait durer plusieurs jours. Elle était réservée aux esclaves et aux non-Romains pour les punir de vol, meurtre ou révolte.

Ichthus ou Icthus ou Iktus (p.176): Ce mot grec signifie poisson. Mais ce sont aussi les initiales de cinq autres mots *Iésous Christos Théou Uios Sôter*. Ceci se traduit par Jésus Christ, Fils de Dieu, Sauveur.

Table des matières

Le Nouveau Testament